中国近代新闻学名著系列丛书
芮必峰◎主编

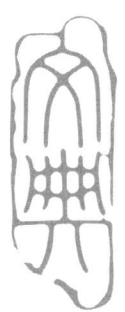

外人在华的新闻事业

—— 赵敏恒◎著 ——

中国传媒大学出版社
·北京·

出版说明

本丛书整理再版了近代在中国用中文出版的经典新闻学著作，所涉及的图书既有专著、教材，也有译著，全面涵盖了新闻学理论、新闻业务、新闻史等领域，成书年份前后跨越40年。在这40年间，中国的新闻学科从无到有、从借鉴到创新，成就巨大。对这些著作的再次出版，为研究中国近代新闻学提供了珍贵的史料，绘制了中国近代新闻学的全景，度量了中国近代新闻学的厚度，填补了该领域空白，也为纪念中国新闻学诞生100周年献上了一份厚礼。

我们请中国人民大学新闻学院教授、博士生导师，广西大学新闻传播学院院长，教育部社会科学委员会委员兼新闻传播学科召集人郑保卫，及中国传媒大学传播研究院院长、教授、博士生导师，中央实施马克思主义理论研究和建设工程新闻学首席专家雷跃捷对本丛书的内容进行了审定，并根据专家的意见进行了修改。在此对两位专家所付出的辛勤劳动表示衷心感谢。

由于历史原因，本丛书中的个别图书存在一些问题，为保存历史原貌，为研究者提供一手的参考资料，影印时均基本保持其原貌，未作大的删改，希望读者结合当时的历史条件和历史环境，对其中的观点进行批判性借鉴。原书中存在一些错别字、漏字和排版错误，我们在影印时均未做改动，敬请读者注意。

由于原书出版年代久远，本丛书中的许多书籍难觅其踪，存世数量稀少，版权状况极其复杂。为了保证本丛书的学术性和完整性，我们将具有价值的图书先行选入其中，进行了抢救性发掘，力图保存中国新闻史珍贵的历史资料。版权所有人若有异议，请及时与我们联系。

为更好地体现中国近代新闻学的发展脉络，本丛书特别收录了欧美学者休曼的《实用新闻学》、斯蒂德的《新闻学的理论与实际》；日本学者松本君平的《新闻学》、后藤武男的《新闻纸研究》、杉村广太郎的《新闻概论》。当年这些书的出版对中国近代新闻学具有一定的借鉴意义。

本丛书为影印制作，成书清晰度由原书决定，由于出版年代久远，受当时生产力水平及制作方法限制，难免会存在一些缺陷，敬请读者谅解。

中国传媒大学出版社

总　序

如果从1903年商务印书馆编译出版日本人松本君平的《新闻学》算起，中国的新闻学已有115年历史[①]。如果从1918年北大新闻研究会建立，徐宝璜开办新闻学讲座算起，中国新闻学教育和研究迄今正好100年历史。我们搜集整理了清末至民国期间一些有代表性的新闻学书籍，希望借此重现早期中国近代新闻学的本来面貌，反映我国新闻学发展的历史脉络，我们认为，这对中国新闻学术、教育史研究以及中国近现代思想史研究都是很有意义的。

从1903年到1949年9月的40多年间，我国公开出版和内部印行的新闻学书籍，包括专著、教材、论文集、资料汇编、参考工具书等，约468种之多。[②]它们集中反映了我国新闻学的历史发展轨迹。然而，由于多种原因，这些书籍除了几本曾被重印出版外，大多已经是“只闻其名、难觅其踪”，这对我国新闻学研究不能不说是一个遗憾。

本丛书在梳理1903—1949年间出版的有代表性的新闻学书籍的基础上，精选了50部著作，校订注释，编纂再版，也算对这一遗憾的弥补。

从我们挑选的这50部新闻学书籍来看，中国早期新闻学的发展有三个鲜明的特点：

一、中国早期新闻学的发展与中国社会发展，尤其与国家民族利益息息相关

40多年间，中国新闻学从近乎空白到勃然而兴，这与中国社会的动荡、变

① 黄天鹏回顾新闻运动时说：“有清光绪二十八年，商务印书馆刊行《新闻学》一书，为我国人知有新闻学之始，原书为日人松本君平所著……”资料来源：黄天鹏．新闻运动之回顾［A］．黄天鹏．新闻学名论集［C］．上海：上海联合书店，1929．

② 林德海，等．中国新闻学书目大全1903—1987［M］．北京：新华出版社，1989．

革休戚相关。西方新闻学是现代化的产物，最早形成于19世纪末20世纪初。1901年，“新闻学”一词首见于中文报章[①]，但直到民国前夕，国人对于“新闻有学乎”尚存疑，认为报社就是新闻人才的“养成所”。至1912年上海报业俱进会以“吾国报业之不发达……其最大原因，则为无专门之人才”[②]为由，号召组织报业学堂，培养报业专门人才。不难看出，此时新闻界亦将新闻学视为办报之“技”。至1918年邵飘萍为徐宝璜《新闻学》作序仍“窃叹我国新闻界人才之寥落，良由无人以新闻为一学科而研究之者”[③]。黄天鹏把1903年至1918年新闻学研究会建立之前的十余年视为中国新闻学的启蒙期。[④]

1918年，随着以启蒙为目标的新文化运动愈演愈烈，新思潮涌入国门，“新学”“西学”站在旧传统的对立面被学界关注，新闻学思想也不例外。作为公学之首和新文化运动中心的北京大学率先开办新闻学研究会，力证了“新闻学”存在的正当性；徐宝璜《新闻学》一书问世，成为中国新闻学理论的奠基之作。新闻学教育兴起，新闻学研究著作渐盛，待到北伐前夕，中国新闻学从学理上和实践上俱已建立起来。

新文化运动后期，马克思主义传入中国，资本主义文明逐渐“祛魅”。之后的大萧条使得西方国家的痼疾暴露无遗，曾经“理想之彼方”的西方报业也难以幸免。在这一时代背景下，如何建立“吾国之报业”成为新闻学研究的热点，围绕这一热点，一方面，关于中外新闻理论、新闻事业、新闻业务的著作日益涌现；另一方面，军阀对于激进言论的暴力摧残，又引发了新闻人对于言论自由的论争。20世纪20年代的中国新闻学呈现百家争鸣之势。

“在这言论自由纷争之际，也有若干论调，认为新闻纸不过是一种政治宣传的工具，在新闻学方面也唱过所谓社会主义的新闻理论，不过这种论调没有完成，当头的国难已把这种理论粉碎。”[⑤]“九一八”事变后，面对空前的民族危机，“国家至上、民族至上”成为国论，报业成为勾连与动员社会的渠道和网络，

---

① 梁启超．本馆第一百册祝辞并论报馆之责任及本馆之经历［J］．清议报，1901（100）：1–8．

② 戈公振．中国报学史［M］．上海：上海书店，1989：278．

③ 徐宝璜．新闻学［M］．长春：时代文艺出版社，2009：7．

④ 黄天鹏．四十年来中国新闻学之演进［M］//龙伟，任羽中，王晓安，何林，吴浩．民国新闻教育史料选辑．北京：北京大学出版社，2010：149．（以下征引本书时，一律简注为《民国新闻教育史料选辑》。）黄天鹏在此文中提出他对于1903年到战事结束的40余年间中国新闻学发展阶段的划分，原载《中国新闻学会年刊》第1期，1942年9月。

⑤ 黄天鹏．四十年来中国新闻学之演进［M］//民国新闻教育史料选辑．北京：北京大学出版社，2010：161．

致力于推动“舆论统一”。直到全面抗战中期之前，以战争宣传动员为主要研究目标的“战时新闻学”都是新闻学研究的热点。

1943—1949年中华人民共和国成立前夕，随着战争形势的转变，抗日战争已现胜利的曙光，中国新闻学人开始构想新闻业的未来。萨空了①于1943年开始着手书写《科学的新闻学概论》，旨在提醒新闻人应“鉴于美英的前车”②，避免报纸“为大财阀资本家所独占”③，“积极地设法使报纸成为大多数民众自己的相互报道消息、提供意见的工具”④。

二、中国新闻学是“西学东渐”的产物，中国早期新闻学人大多具备西学背景

“西学东渐”的内在精神是中体西用。在“用”的招牌下，西学大量涌入。中国新闻学直接引自日本和美国。首先，中国最早的新闻学译著分别为1903年商务印书馆编辑出版的松本君平的《新闻学》和1913年美国记者休曼著、史青编译的《实用新闻学》。前者成为中国新闻学的开端，而后者作为美国第一本新闻教育著作，“提供采访编辑各种实际问题的解决方案”⑤，也奠定了中国新闻人对于新闻教育之作用的基本构想。

早期中国新闻学人大多具备留美留日的求学背景。徐宝璜曾于美国密歇根大学修习经济学与新闻学，其《新闻学》（1919）的参考文献包括在美国出版的图书23种、在英国出版的图书7种，印证了时任北大校长蔡元培所言，“新闻学之取资，以美为最便矣”⑥。任白涛求学日本早稻田大学政治经济学系时，加入了《朝日新闻》名记者杉村楚人冠等筹建的“大日本新闻学会”⑦，《应用新闻学》

① 萨空了（1907—1988）四川成都人，蒙古族，笔名了了、艾秋飚，记者、主编、新闻学家。1927年任《北京晚报》《世界日报》编辑记者、《世界画报》总编辑。曾任教民国学院新闻系、北京新闻专科学校。1935年任上海《立报》副刊主编、总编辑兼经理。中华人民共和国成立后任中央人民政府新闻总署副署长兼新闻摄影局局长、出版总署副署长、全国政协副秘书长兼《人民政协报》总编辑等职。负责主编《中国大百科全书·新闻出版》卷，著有《科学的新闻学概论》《科学的艺术概论》《宣传心理研究》等。

② 萨空了. 科学的新闻学概论［M］. 香港：文化供应社，1946：36.

③ 萨空了. 科学的新闻学概论［M］. 香港：文化供应社，1946：36.

④ 萨空了. 科学的新闻学概论［M］. 香港：文化供应社，1946：36.

⑤ 黄天鹏. 四十年来中国新闻学之演进［M］//龙伟，任羽中，王晓安，何林，吴浩. 民国新闻教育史料选辑，北京：北京大学出版社，2010：157.

⑥ 邓绍根. 中国新闻学的筚路蓝缕：北京大学新闻学研究会［M］. 北京：清华大学出版社，2015：228.

⑦ 1915年《朝日新闻》的杉村楚人冠等在庆应义塾大学创办“新闻研究会”并讲授课程，后根据该讲义出版了《最近新闻纸学》（1918）。其时，杉村楚人冠还兼任“大日本新闻学会”的筹建者与学会新闻讲座讲师。

（1922）正是仿照杉村楚人冠《最近新闻纸学》一书体例所做。[①]邵飘萍的《实际应用新闻学》（1923）亦参考了《最近新闻纸学》。[②]杉村楚人冠深受美、德新闻思想熏陶，美、日、德的新闻思想因故才传到中国。

事实上，正是留美、留日学生群体的新闻学著述构建起了中国早期新闻学的基本框架。仅本丛书所涉国内著（编）者30人中，剔除资料不详者3人，有留学经历者共计15人。其中留美5人：徐宝璜、伍超、赵敏恒[③]、戈公振[④]、曹用先[⑤]；留日8人：吴定九[⑥]、邵飘萍、黄天鹏、任白涛、张友渔[⑦]、谢六逸、袁殊[⑧]、王文萱[⑨]；

---

① 周光明．近代新闻史论稿［M］．北京：社会科学文献出版社，2014：276．

② 方晓红．中国新闻简史［M］．南京：南京师范大学出版社，1996：122．

③ 赵敏恒（1904—1961），记者、新闻学教授。早年就读于清华大学，1923年起先后于美国科罗拉多大学文学院、密苏里大学新闻学院、哥伦比亚大学新闻学院攻读英国文学和新闻学，并获新闻学硕士学位。1925年起在纽约环球通讯社当编辑。1927年回国，在国民政府外交部情报处短暂工作后加入路透社。1945年10月任《新闻报》总编，兼任复旦大学新闻学教授。

④ 留学两个及两个以上国家的，按其留学的第一个国家计。

⑤ 曹用先，女，宁波人，天津南开大学社会科毕业。1926年与未婚夫查良鉴自南开大学毕业后，同赴密歇根大学留学，1930年在该校安娜堡完婚。硕士毕业后回国，曾就职于上海商务印书馆编辑所并任教于大夏大学，1949年与查赴台，1951年4月病逝于台湾。

⑥ 吴定九（1890—1930），名鼎，字定九，嘉定人。著名报人，《京报》元勋之一，著有《新闻事业经营法》。公派赴日本名古屋学习土木工程时，与在东京政法学校读书的邵飘萍成为密友。1923年9月，私立北京平民大学设立报学系，时任京报社经理的吴定九担任教授并讲授专业课程“新闻经营法”。

⑦ 张友渔（1898—1992），原名张象鼎，字友彝，又名张忧虞，山西灵石人。法学家、政治学家、新闻学家。先后求学于山西第一师范学校，国立北平法政大学法律系。1927年任《国民晚报》社长兼总编辑。同年加入中国共产党，任中共北平市委委员兼秘书长。1930年赴日留学。“九一八”事变后回国任《世界日报》主笔及燕京大学、中国大学、民国大学、中法大学、北平大学法商学院教授，讲授宪法学、劳动法学、新闻学和日本问题。1943年起在重庆任中共南方局文委秘书长、《新华日报》社论委员会委员、中共重庆工作委员会候补委员兼政策研究室副主任、《新华日报》代总编辑等职。

⑧ 袁殊（1911—1987），中共谍报人员、记者、新闻学者。早年赴日攻读新闻学、东洋史。曾创办上海自修大学并设新闻专科。1931年3月创办的《文艺新闻》，最早揭露了左联五烈士被害的消息。1932年任新声通讯社记者，经潘汉年引介加入共产党。1942年卧底敌伪报纸《新中国报》，1945年10月转移到苏北解放区；1949年调入中央情报部门。著《记者道》《学校新闻讲话》《新闻大王赫斯特》等书；译《新闻法制论》等。

⑨ 王文萱，曾留学日本，1930年5月翻译杉村广太郎的《新闻概论》。1942年国立社会教育学院新闻系成立，王文萱在该系教授新闻业务课程。1947年年初，李宗仁授意萧一山在北平创办《经世日报》作为喉舌，任命王文萱、蓝文澄两位教授为主笔。

旅欧2人为胡愈之和储玉坤[①]（详情见表）。这些涉足新闻学研究的归国留学生兼容并蓄，汲取美、日、德等国新闻理论和马克思主义新闻思想的精华，进行本土化改良，亦从侧面反映出中国新闻学的理论来源。

三、中国早期新闻学人往往兼新闻实践、新闻教育、新闻研究于一身

1918年，北京大学新闻学研究会成立，徐宝璜负责讲授新闻学知识。他结合自身从业经验，参考欧美新闻学书目，形成课程讲义；再结合讲课心得，不断完善新闻学理论。1919年，国人自撰的第一本新闻学专著《新闻学》最终成书。徐在自序中细陈写书修书之过程："新闻学乃近世青年学问之一种，尚在发育时期。余对于斯学，虽曾稍事涉猎，然并无系统之研究。客岁蔡校长设立新闻学研究会，命余主任其事，并兼任导师。余乃于暑假中，正式加以研究，就所得著《新闻学大意》一篇，以为开会后讲演之用。……开会后，余继续研究，加以会员之质疑问难，时有心得，遂将原稿加以修改，成第二次之稿……"[②]显然，"曾稍事涉猎"指其曾经担任《晨报》主笔的工作经历。早期中国新闻学人兼具从业经验和新闻学教学经验者多会总结实践经验、丰富新闻理论、著书立说、传道授业，这种情况并不鲜见。

从早期新闻学著作的作者（编者）身份来看：本丛书涉及国内著（编）者30人，除李公凡、刘元钊和鲁风三人身份不详，仅蒋国珍[③]、项士元[④]二人没有明确的新闻从业经验。而在这25人中，更有20人兼具从业经历与从教经历。新闻学人大多具有新闻从业经历，学术研究、传承活动与新闻实践密不可分（详

① 储玉坤，1912年生，江苏宜兴人，笔名雨君、储华。1937年中央政治学校大学部新闻学及国际政治专业毕业。1938年1月任《文汇报》编辑兼社论撰述者；1938年5月担任《文汇报》法国哈瓦斯分社编辑；抗战胜利后，任《文汇报》总主笔。1946年5月转任《申报》主笔和法国新闻社远东分社中文部主任，兼任中国新闻专科学校教务长和沪江大学新闻系教授。著有《现代新闻学概论》《第二次世界大战史》《美国经济》。

② 邓绍根，中国新闻学的筚路蓝缕［M］. 北京：清华大学出版社，2015：244.

③ 蒋国珍出生于1896年，江苏溧阳人，做过学生运动领袖、国民党党员、教育工作者、政府职员、银行经理。曾加入上海学生运动，代表上海全国各界联合会、全国学生联合会、上海各界联合会、学生联合会四团体发声。虞文俊认为其传世的《中国新闻发达史》翻译自日本人伊藤武雄的《中国新闻发达史》，即蒋国珍应为此书的译者而非著者。

④ 项士元（1887—1959），佛教居士、学者。原名元勋，号慈圆，又号石槎。浙江临海人，通日、英、德、梵、俄文，一生佛学著作等身。25岁毕业于杭州府中学堂，后办私立小学和赤城初级师范，兼任各校教师；捐资并赠书创办了临海图书馆。项士元长期辗转江浙等地从事教育、新闻和史志方面的研究工作。中华人民共和国成立后主持台州文管会，任浙江省文史馆馆员。所著《浙江新闻史》是中国最早的新闻史之一。

见表1[①])。

从新闻学著作本身来看，许多民国新闻学书籍正是新闻实践和新闻教育的直接产物：国人自撰的第一部新闻采访学专著——《实际应用新闻学》根据邵飘萍在北京大学新闻学研究会和平民大学新闻系的讲稿所著,《新闻学总论》一书则根据邵氏国立政法大学的新闻学讲义整理而成；周孝庵[②]根据自己在复旦大学的新闻学讲义编著了《最新实验新闻学》；郭步陶[③]的《本国新闻事业》是上海市私立申报新闻函授学校讲义之十一；而《新闻学的基础知识》本就是中美日报读讯会[④]为新闻学自修者所出版的教材《实用新闻学讲义》之一；储玉坤的《现代新闻学概论》则是专门为大学新闻理论教科书而编写的（详见表2）。

正是由于早期新闻学人兼新闻实践、新闻教育、新闻研究于一身，才能为理论教学与著述提供最鲜活的案例，促使新闻实践经验迅速融入新闻学理论研究。这是近代中国新闻学迅速发展的重要因素，对于当今的新闻学研究、新闻学教育工作也有重要启示。

本丛书编委会邀请相关领域资深专家进行研讨，认真甄选了书目，仔细进行了版本比较和甄别，从而保证了本丛书较高的学术权威性。

由于历史的局限，民国新闻学书籍的不足是明显的，如学术理论不成熟、部分话语和话题打上了深深的时代烙印等；又因书中涉及的新闻稿件写作于特定历史环境和历史年代，其表达方式不严谨亦不可避免。盖所选书目皆是历史文献，我们在审校中尽量保持其历史原貌，不做大的删改；对极个别对马克思

---

① 李秀云．留学生与中国新闻学［M］．天津：南开大学出版社，2009：239-251．本书中李秀云整理了民国期间从事新闻学研究的留学生44人，并分析其留学国别构成、专业构成、新闻实践经历、从教经历等。

② 周孝庵（1900—1973），佛教学者、律师、报人。松江府人。毕业于江苏省立第一商业学校。历任上海时事新报馆记者、编辑、主编，著《最新实验新闻学》。1928年秋被复旦大学聘为新闻学教授。曾于上海法政大学获法学学士学位，1930年兼律师。1932年主编上海《新闻报》“法律质疑”栏目、编著了《法律质疑汇编》。上海沦陷后，曾氏关闭了律师事务所，潜心佛学研究。

③ 郭步陶（1879—1962），原名成爽，后改名惜，字步陶。四川隆昌人。名记者、新闻研究者。1911—1917年任《申报》编辑，1917年任《新闻报》编辑主任、主笔。1930年任教于复旦大学新闻系。上海沦陷后赴香港，任职于《申报》（香港）、《星岛日报》；1939年创建中国新闻学院（香港）并任院长。抗战胜利后回沪任教于复旦大学、新中国学院。

④《中美日报》是“孤岛”时期的国民党报纸，为躲避日伪新闻检查，在美商罗斯福出版公司招牌下运作，副刊有《集纳》《堡垒》等。1938年11月创刊，1941年12月停刊，1945年8月复刊，次年4月终刊。总编先后为杨勋民、查修、詹文浒，总主笔周宪文，执笔者有储玉坤、章丹枫等。胡道静曾任英文编辑。报社读讯会为自修新闻学的读者出版了《实用新闻学讲义》，共计10种，对编辑术、采访术、评论作法、新闻写作、新闻学史、剪报工作等都有专篇论述。

主义、共产党等的不适当叙述已进行了删除处理。

本丛书规模较大，从策划项目、搜集资料、校订编纂到审稿成书，历时两年有余。这50本书可能并非本本经典，其中有些内容亦有重复、雷同之处，但瑕不掩瑜，它们对于研究中国新闻学功不可没，作为新闻史资料极具研究价值。感谢中国传媒大学出版社和安徽大学新闻传播学院诸位老师的辛勤付出，也希望读者在本丛书中能读出更丰富的内容，获得启发并更深入地思考。

丛书主编　芮必峰

2018年5月7日

附表：

表1 著者受教育、从业、从教及著述情况列表

序号	姓名	是否留学及留学国家	从业经历	从教经历	著作
1	徐宝璜	美国密歇根大学，经济学、新闻学	北京《晨报》主笔	北京大学新闻学研究会、北京平民大学新闻系	《新闻学》《新闻事业》
2	戈公振	1927年赴美国、日本考察新闻事业	首创《图画时报》、“上海新闻记者联合会”会长、《申报》总管理处设计处主任兼《申报星期画刊》主编	上海南方大学新闻系、上海国民大学新闻系、复旦大学新闻系、上海沪江大学商学院、上海民治新闻学院	《新闻学撮要》《中国报学史》《新闻学》
3	邵飘萍	东京政法学校	《汉民日报》主编、《时事新报》《申报》《时报》主笔、创办“北京新闻编译社”、《京报》社长	北京大学新闻学研究会、北京平民大学新闻系、国立法政大学	《实际应用新闻学》《新闻学总论》
4	吴定九	日本名古屋工业专门学校土木工程	主持《京报》	北京平民大学新闻系、国立法政大学	《新闻事业经营法》
5	谢六逸	日本早稻田大学东洋文学史	《立报》文艺副刊《言林》主编、《国民周刊》《趣味》周刊主编	复旦大学新闻系、申报新闻函授学校、国立社会教育学院新闻系、暨南大学新闻系、大夏大学新闻系	《实用新闻学》《国外新闻事业》《新闻储藏研究》
6	黄天鹏	日本早稻田大学新闻系硕士	在北平创刊《新闻学刊》并担任主编	复旦大学新闻系、上海沪江大学商学院新闻学科	《新闻文学概论》《中国新闻事业》《新闻学入门》《新闻学概要》
7	赵敏恒	美国科罗拉多大学文学院、密苏里大学新闻学院、哥伦比亚大学新闻学院攻读英国文学和新闻学，并获新闻学硕士学位	纽约环球通讯社编辑，后加入路透社。“九一八”事变后为美国国际新闻社、伦敦《每日电讯报》《朝日新闻》等供稿。1945年10月任《新闻报》总编辑	复旦大学新闻系、中央政治学校新闻系、暨南大学新闻系	《外人在华的新闻事业》

续表

序号	姓名	是否留学及留学国家	从业经历	从教经历	著作
8	周孝庵	无	历任上海时事新报馆记者、编辑、主编；主编《上海新闻报》“法律质疑”栏目	复旦大学新闻系、新闻大学函授科	《最新实验新闻学》
9	张友渔	1930年、1932年、1935年多次赴日学习新闻学、考察日本新闻事业	《世界日报》编辑、《大同晚报》总编辑、《国民晚报》社长、《泰晤士报》总编辑、《新华日报》社论委员	燕京大学新闻系、北平民国学院新闻系	《新闻之理论与现象》《日本新闻发达史》
10	袁殊	日本新闻专科学校、早稻田大学历史系	创办《文艺新闻》《译报》、新声通讯社记者	上海自修大学新闻专科	《记者道》《学校新闻讲话》《新闻大王赫斯特》《新闻法制论》（译）
11	胡愈之	1928年法国巴黎大学攻读国际法	《东方杂志》编辑、创办《公理日报》、哈瓦斯通讯社远东分社中文部编辑主任、主编新加坡《南洋商报》		《胡愈之出版文集》
12	储玉坤	留法	《新闻报》编辑、《文汇报》编辑、法国哈瓦斯通讯社中国分社编辑、《文汇报》总主笔、《申报》主笔、法国新闻社远东分社中文部主任	中国新闻专科学校、沪江大学新闻系、之江大学新闻系、致用大学新闻学系	《现代新闻学概论》
13	任白涛	日本早稻田大学政治经济学	创办中国新闻学社、《新湖北日报》总编辑		《应用新闻学》《综合新闻学》
14	曹用先	美国密歇根大学①	上海商务印书馆编辑所②	大夏大学③	《新闻学》

① 毛彦文. 往事［M］. 北京：商务印书馆，2012：28.

② 雪林. 一段值得介绍的婚姻（红藏·生活·第四卷第三十八期）［M］. 湘潭：湘潭大学出版社，2014：435-437.

③ 毛彦文. 往事［M］. 北京：商务印书馆，2012：28.

续表

序号	姓名	是否留学及留学国家	从业经历	从教经历	著作
15	王文萱	留日[①]	《经世日报》[②]	国立社会教育学院新闻系[③]	《新闻概论》（译）
16	伍超	留美“攻读新闻科”[④]			《新闻学大纲》
17	郭步陶	无	《申报》编辑、《新闻报》编辑主任兼主笔、《申报》（香港）、《星岛日报》编辑	复旦大学新闻系、《申报》新闻函授学校、中国新闻学院（香港）、新中国学院	《本国新闻事业》
18	任毕明[⑤]	无	《民国日报》《时报》《快报》主笔、《大众日报》总编辑	香港中华新闻学院	《战时新闻学》《评论学十讲》
19	赵君豪[⑥]	无	《申报》副总编辑	上海商学院新闻专修科、复旦大学新闻系、上海法政学院新闻专修科	《中国近代之报业》《上海报人的奋斗》

① 杉村广太郎. 新闻概论·黄序［M］. 王文萱，译. 上海：联合书店，1930.

② 冯国定. 忆萧一山先生［M］//中国人民政治协商会议北京市委员会文史资料研究委员会文史资料选编（第43辑），北京：北京出版社，1992：104.

③ 苏州大学社会教育学院. 峥嵘岁月（第三集）［M］. 北京、上海、南京、苏州校会. 1991：229.

④ 伍超. 新闻学大纲·自序［M］. 上海：商务印书馆，1925.

⑤ 任毕明，原名任大任，生于1904年，广东鹤山人。1925年在广西梧州创办《民国日报》，曾任《时报》《快报》主笔，主持过香港的《大众日报》。参与创办香港中华新闻学院，并任教。著作有《龙虎集》《风云集》《社会大学》《新社会大学》《战时新闻学》和《评论学十讲》等。

⑥ 赵君豪（1900—？）江苏兴化人。报人。“五四时期”求学于上海交通大学，经常给著名的《民国日报》副刊《觉悟》投稿，并与时任《觉悟》编辑的邵力子讨论种种社会改造问题。毕业后进入《申报》馆工作，抗战后任《申报》副总编辑。1929、1942年两度兼任复旦大学新闻系编辑教授；1930年兼任上海法政学院新闻专修科教授，讲授采访学；曾任《申报》新闻函授学校教授。1944年10月在重庆出版《上海报人的奋斗》。

续表

序号	姓名	是否留学及留学国家	从业经历	从教经历	著作
20	杜绍文①	无	杭州《民国日报》国际版编辑、《东南日报》《前线日报》主笔兼《新闻战线》周刊主编、《东南日报》总编辑、《文汇报》办公室主任	复旦大学新闻系	《新闻政策》《中国报人之路》《战时报学讲话》《国际新闻纵横谈》
21	胡道静②	无	《万有文库》编辑、上海通志馆编修、《通报》《中美日报》《大晚报》等报记者、编辑、撰稿人	上海法政学院新闻专修科	《上海新闻事业之史的发展》
22	张静庐	无	创办上海杂志公司并出任总经理		《中国的新闻记者与新闻纸》《中国近代出版史料》《中国现代出版史料》《中国出版史料》《在出版界二十年》
23	萨空了	无	《北京晚报》编辑记者、《世界日报》画刊编辑、《世界画报》总编辑、天津《大公报》艺术半月刊主编	民国学院新闻系、北京新闻专科学校	《科学的新闻学概论》

① 杜绍文（1909—？），又名杜超彬，广东澄海人。1927年入复旦大学中文学新闻组学习，1931年留校助教。后任杭州《民国日报》国际版编辑、资料室主任、浙江《东南日报》主笔。抗战期间主编浙江战时新闻学会会刊《战时记者》月刊,《国民日报》总编辑、社长；抗战胜利后任上海《前线日报》主笔兼《新闻战线》周刊主编。1946年至1951年间任复旦大学新闻系教授，1952年任上海《文汇报》记者、编委办公室主任。著有《新闻政策》《中国报人之路》《战时报学讲话》《国际新闻纵横谈》。

② 胡道静（1913—2003），安徽泾县人。1931年毕业于上海持志大学国语系。曾参加《万有文库》编辑和上海通志馆编修工作。"孤岛"时期坚守上海新闻界抗日宣传工作，任《通报》《中美日报》《大晚报》《密勒氏评论报》记者、编辑、撰稿人，同时在上海法政学院新闻专修科讲授新闻史课程，为共产党的抗日宣传培养新闻干部。1949年后历任中华书局上海编辑所编辑、上海人民出版社编审等。

续表

序号	姓名	是否留学及留学国家	从业经历	从教经历	著作
24	管照微[①]		复旦大学校刊编辑、1931年兼任上海新闻社记者	兰州大学经济系	编《新闻学论集》
25	项士元				
26	蒋国珍	疑为《中国新闻发达史》的译者而非著者[②]			
28	李公凡	不详			
27	鲁风	不详			
28	刘元钊	不详			

① 管照微，高中就读于上海立达学园，曾与王济深、刘仲达、唐旭之等先后组织了“时潮社”和“立达剧团”。后进入复旦大学新闻系学习，与伍梦窗、林楚君、向浦、徐之津等加入了复旦大学“左联”，并负责复旦大学的校刊编辑工作。1933年12月21日因宣传左翼思想被捕，后任教于兰州大学经济系。

② 虞文俊是东亚中国新闻史研究第一人。《中国新闻发达史》译者蒋国珍初考［J］. 新闻界，2015（15）.

表2 书目

序号	年份	书名	作者	备注
1	1903	新闻学	〔日〕松本君平 著	
2	1913	实用新闻学	〔美〕休曼著 史青译	
3	1919.12	新闻学	徐宝璜① 著	北京大学 新闻研究会讲稿
4	1922.11	应用新闻学	任白涛② 著	
5	1923.8	实际应用新闻学	邵振青 著	北京平民大学、 国立法政大学讲义
6	1924.4	新闻事业	徐宝璜 胡愈之 著	
7	1924.6	新闻学总论	邵飘萍 著	
8	1925.1	新闻学大纲	伍超 著	
9	1925.2	新闻学撮要	戈公振③ 编	
10	1927.9	中国新闻发达史	蒋国珍 著	
11	1927.11	中国报学史	戈公振 著	
12	1928.9	中国的新闻纸	张静庐 著	
13	1928.11	最新实验新闻学（上）	周孝庵 著	复旦大学新闻系
14	1928.11	最新实验新闻学（下）	周孝庵 著	复旦大学新闻系
15	1930.4	新闻事业经营法	吴定九 著	
16	1930.5	新闻概论	〔日〕杉村广太郎 著 王文萱 译	

① 徐宝璜，中国新闻学者、新闻教育家。1912年毕业于北京大学，后公费留美，于密歇根大学攻读经济学、新闻学。徐宝璜在美国密苏里大学受过系统的新闻学教育。

② 任白涛，笔名冷公、一碧，河南南阳人。1911年辛亥革命后，先后担任上海《民立报》《神州日报》《新闻报》驻河南特约通讯员，参加当地反袁活动。1916年留学日本，在早稻田大学攻读政治经济学，并加入了大日本新闻学会。

③ 戈公振所著的《中国报学史》最早由上海商务印书馆出版，是研究新闻学和我国新闻事业发展史的开山之作，国内外新闻界将之誉为中国首部新闻史学权威著作。任教上海国民大学期间，戈公振开始着手《中国报学史》一书的写作。在从事新闻工作之余，戈公振致力于新闻教育事业和新闻学研究工作，曾在上海国民大学、南方大学、大夏大学、复旦大学等校新闻系和杭州暑假报学讲习所讲授新闻学方面的课程，在新闻学研究上留下了许多著述。

续表

序号	年份	书名	作者	备注
17	1930.8	中国新闻事业（上）	黄天鹏[①] 著	
18	1930.8	中国新闻事业（下）	黄天鹏 著	
19	1930.8	新闻纸研究	〔日〕后藤武男 著 俞康德 译述	
20	1930.9	浙江新闻史（上）	项士元 编	
21	1930.9	浙江新闻史（下）	项士元 编	
22	1932.7	学校新闻讲话	袁殊 著	
23	1932.8	外人在华的新闻事业	赵敏恒 著	
24	1933.4	新闻学入门	黄天鹏 著	
25	1933.10	新闻学论集	管照微 编	复旦新闻学会丛书
26	1935	实用新闻学（上）	谢六逸[②] 编	申报新闻函授学校讲义之三
27	1935	实用新闻学（下）	谢六逸 编	申报新闻函授学校讲义之三
28	1934.1	新闻学	曹用先	
29	1934.2	新闻学概要	黄天鹏 编	复旦大学讲义、 上海沪江大学新闻学专修科
30	1935	上海新闻事业之史的发展	胡道静 著	
31	1936.5	新闻学讲话	刘元钊 编著	

① 黄天鹏，字天鹏，别号天庐。1927年1月，他创办了我国首个新闻学刊（1929年扩改为《报学月刊》）并任主编；他是我国新闻学术史上最早研究新闻学之产生及发展史的学者，是我国具有新闻学术史观的第一人。他于1923年就读于北京平民大学报学系，1929年留学日本,修业新研究所,旋入早稻田大学新闻系。归国后出版了《新闻文学概论》《中国新闻事业》《新闻学入门》《新闻学概要》等十余本新闻学专著。

② 谢六逸，中国现代新闻教育事业的奠基者之一。著名的作家、翻译家、教授。1917年以公费生身份赴日就读于早稻田大学。1922年毕业归国，入商务印书馆工作。后历任神州女校教务主任及暨南大学、复旦大学、大夏大学教授。1930年任复旦大学中文系主任，并创设了后来闻名海内外的复旦大学新闻系，任主任。

续表

序号	年份	书名	作者	备注
32	1936	本国新闻事业	郭步陶 编著	申报新闻函授学校讲义十一
33	1936.6	新闻之理论与现象	张友渔 著	
34	1936.11	记者道	袁殊 著	
35	1937.7	现代新闻学概论	储玉坤 著	国民党政府唯一指定大学新闻理论教科书
36	1938.7	战时新闻学	任毕明 著	
37	1938.9	中国近代之报业（上）	赵君豪 著	
38	1938.9	中国近代之报业（下）	赵君豪 著	
39	1938.10	基础新闻学	李公凡 著	
40	1939.7	中国报人之路	杜绍文 著	
41	1940.4	新闻学	戈公振 著	1932 年完稿，另有 1947 年版
42	1941	新闻学的基础知识（上）	中美日报读讯会 编	中美日报读讯会实用新闻学讲义
43	1941	新闻学的基础知识（下）	中美日报读讯会 编	中美日报读讯会实用新闻学讲义
44	1941.7	综合新闻学 1	任白涛 著	
45	1941.7	综合新闻学 2	任白涛 著	
46	1941.7	综合新闻学 3	任白涛 著	
47	1944.9	新闻学	鲁风 著	新中国自修学院约稿
48	1946.6	科学的新闻学概论	萨空了 著	另有 1945.3 出版的署名艾秋飚的版本
49	1946.11	新闻史上的新时代	胡道静 著	
50	1947.12	新闻学的理论与实际	〔英〕斯蒂德 著 王季深 吴饮冰 译	上海文化函授学校读本

外人在華的新聞事業

趙敏恒

目次

導言

外人在華的新聞事業在世界各國中是一種特殊的情形。中國因爲有與外人訂約的商埠和租界，所以外人在國內所辦的報紙，能夠自由登載政治和軍事的消息，而且對於時事也可比較的自由評論。至於本國的報紙，是沒有這種權利的。這些商埠，數十年來由不重要的外僑小鎭市迅速的發達而爲商業政治的大中心點，而且這些商埠有各國各種族的集團，所以外人在這些商埠所辦的報紙，對於國內外的輿論，較比其他普通的城市有更大的勢力。因此，如果中國沒有一個組織很好的政府的機關通訊社，則中國對於國際宣傳方面，必須完全仰外人之鼻息。

費唐氏（Justice Feetham）曾經有這樣的批評：『外人在華所辦的報紙，對於傳達消息和評論時事，都負有特別的責任。閱讀他們的消息和評論的中外人士都很不少。如果他們記載翔實，評論公允，則可使中外的關係，建立於健全友誼的基礎，可以免除一切訛謬的記載，煽惑的宣傳，而免增加雙方的惡感。

本文分爲數篇，分述外人在華的新聞事業。本文對於外國在華的報紙雜誌通訊社等發達之經過，並不是一個完全的記載。對於英美俄日及歐洲他國駐華的新舊記者，也沒有詳細述及。本文不過是一個概括的大綱，提出國內比較重要的外國報紙和報界人物而已。擴充起來，每篇都可寫成一部書。記者作成此文所花的精力恐怕在讀者意料之外，但結果還沒有充分得本題所應有的材料。記者在此要附帶說明一句的，便是本文要趕在此次太平洋會議之前交稿，所以自搜集材料以至於寫成，祇有一個月的工夫。

記者在此要感謝路透社的總編輯 Mr. M. J. Cox 校正原稿。關於搜集材料，要感謝上海日報的主人 Mr. H .Hata，大美晚報的主筆 Mr. T. O. Thackrey 美國聯合通訊社上海分社的經理 Mr. H. R. Ekins，美國合衆通訊社上海分社的經理 Mr. M. J. Harris，密勒氏評論報的編輯和主辦的人 Mr. J. Powell, China Digest 的編輯和主辦人 Mr. Carroll Lunt，華北明星報的法律顧問 Mr. Richard T. Evans，俄國 Tass 通訊社的駐滬記者 Mr. V. Rover，法國哈瓦斯通訊社上海分社的經理 M. Jean Fontenoy，Transocean 通訊社上海分社的經理 Mr. J. Plaut，倫敦泰晤士報駐北平的記者 Mr. C. M. Mcdonald，京津泰晤士報的編輯 Mr. Wilfred Penell，遠東時報的 Mr. C. J. Laval，路透社遠東的總經理 Mr. William Turner。

一九三一年五月二十三日趙敏恆於南京

一、概論

德國谷騰堡氏 (Gutenberg) 在馬因斯雕刻印板之前五百年，中國就已發明了活字板；中國的官報，至今也發行了數百年之久，但是中國首創的新聞報，還是英文報，現在中國最有勢力的兩個華文報紙，也是由英國記者創辦的。其他的香港的孖剌報 (Cina Mail) 創辦於一八四五年，中國最早的日報德臣報 (Daily Press) 創辦於一八五三年。

中國成績最著的兩個大報紙，是上海的新聞報和申報。新聞報每日的銷數有十五萬份。據申報的報告，一九三〇年該報的淨利為六十萬元。英美日本各國大都市日報的銷數達數百萬份，每年贏利達百數十萬，像新聞報申報的這種銷數和贏利，恐怕算不了什麼。但是中國識字者之佔極少數、人民生活程度之低，交通之不便利，政治之混亂，像申報和新聞報這樣的成績，若非編輯和經營的人若干年非常的努力，和刻苦辦事的精神，實難辦到。

申報發刊於一八七二年，為英人美查兄弟 (The Major Brothers) 所創辦。至一九一二年申報為史量才氏所收買，史氏在今日可稱為中國的報界大王。申報發刊二十年之後，新聞報即出版，即一八九三年。最初新聞報的主筆雖是華人蔡爾康，但是該報的所有權是屬於幾個英國人，後來又轉入美人福開森 (John C. Ferguson) 之手。直到兩年之前，新聞報才收由華人經營。

記者在本文導言裏曾經說過，外人在華的新聞事業，特別是英文報紙，對於中外的輿論，有很大的勢力。在華的外人，如英法俄德日都靠本國人在天津北平上海漢口等處所經營的報紙，以獲得每日在華的新聞。不過也有少數的外人，因爲本身事業的關係，請一個華人輔助閱讀華文報紙。即或如此，他們對於重要的新聞也還是常常閱讀西文報紙，與華文互相核對。至於在美法英俄等國，凡僑居的外人不論任何國籍，都只能讀僑居國所辦的報紙。紐約通報 (New York Herald-Tribune) 在巴黎出有日報，專供巴黎美國遊客之閱讀，但是該報主要的目的，還是叫遊歷巴黎的美國遊客，知道國內的時局。該報對於法國政治的批評，法人并不十分注意。

至於中國的情形，與各國不同，其所以造成這種特殊狀況的原因，也很簡單。中國文字，不是一種國際的文字。在英美各大學裏，有德文法文的課程。在歐洲各國遊歷祇會說英文的，不會感覺得什麼困難。外人在華專心學中文的，祇有傳教士或公使館領事館的辦事人等。至於大多數在華的外國商人，并不學習中文，一切新聞，專靠外國報紙。

在華的外人，大多是商界巨擘和智識領袖——在華的外僑較比在他國的一般外僑份子要比較優秀些——所以他們所讀的報紙以及影響於他們的輿論，勢必有很大的影響。

以一般常情而論，佔勢力的民族，雖然在人數上他們僅佔少數，總不願學習被壓迫民族的語言文字，中國的情形便是如此。固然，有些外人也學習中國的語言文字，但是以大多數而論，他們在於中國文字實毫不關心。他們忘却了這并不是他們本國，他們應當學習僑居國的語言文字。

此外，外人在華的新聞報紙有很大的勢力，還有一個很重要的原因。外國報紙在華通訊員的通訊和電報材料，大都是取材於外國報紙。譬如法國某報紙，在上海派有代表一人。他可以從每日在上海交遊的友朋中，得着許多有趣的新聞，以餉巴黎的讀者。至於有許多新聞，在上海是不能直接得到的，如甘肅的地震或鄭州的兵變等。這種新聞的價值，自然不值得花費許多錢親自去採訪，而且中國的交通異常不便，有許多地方與沿海各商埠相隔的路程，有數星期之久。固然，他可以從華文報紙得許多材料，但是他必須請一個繙譯協助。這些繙譯每每不能使人十分滿意，因為他們并非受專門訓練的新聞記者，不能判別新聞價值的好壞。因此，一個外國駐華記者要得到通訊和電報的材料，惟一最便利的方法，是根據在華的外國報紙。

華人要得到國外的新聞，惟一的根源，也是依賴外人組織的新聞機關。中國所辦的報紙或通訊社，沒有一個在外國特派有專員的。如上海的申報及新聞報，或天津的大公報，規模雖不小，但在外國都未派有通訊的專員。一九三〇年申報曾特派記者往日本專採遠東運動大會的新聞，便似乎驚動了國內新聞界。一般的情形，國內報紙對於國外的新聞，專賴外人組織的通訊社，如世界及英國的新聞是藉賴英國的路透社（Reuters）美國的新聞是藉賴美國的聯合通訊社，（The Uhied Press）日本的新聞是藉賴日本的聯合通訊社及電報通訊社。中國政府機關以及商業機關，都靠外人所辦的通訊社以獲得國外政局和商情的變遷。實在是一件令人可異的事實。

由上述種種事實，可知中國現今要組織一個國營的通訊機關，實在是一件急不容緩之圖。大凡世界有地位的國家，莫不有代表本國的通訊機關，以傳播國內外的新聞，并與別國重要通訊機關交換新聞。現今各國有力的政府，每年莫不花數百千萬的金錢，集中國內專門人才，以為本國宣傳之工具。他們認清了輿論的勢力，實在是非常之大。

固然，中國政府也指定了一筆很大的款項，專為宣傳之用。但是這筆款項，實際上是耗費了。一切工作，未能集中；國家沒有組織通訊機關，以搜集并傳達新聞。也沒有一種良好的組織，以傳播國內的新聞於國外。

組織一個有成效的國營通訊社，幷非難事。上海各大規模的華文報紙，在國內各大城市，都派有專員的辦事處。即以南京而論，各報館每日由南京發出的有線電報無線電報及長途電話等，每日有一萬至三萬字之多。這些電訊，大多有重複的。如果這些報館共同組織一個通訊機關，每日搜集幷傳達電訊，則確實可以節省不少的金錢。如果這通訊機關有政府的接濟和鼓勵，實在容易組織成功。這通訊機關一旦成立之後，便可與世界各主要通訊社聯絡起來。於是這個國營通訊機關所發出的電訊，自然便有路透社，合法社（Havas）華夫社（Wolff）合衆通訊社（Associatod Press）聯合社達斯社（Tass）等著名通訊社，代爲傳遞於世界各國。

眞正有成效的國營通訊機關，必須由有專門訓練的優等新聞人才經營管理。政府對於新聞的傳遞，不可從中干涉。所傳出的新聞，必須信實可靠，而後有利於中國政府。

外人在華的新聞機關，也應當促進這種機關的成功。他們的目的，無非是想在中國搜集新聞。外國記者每每因爲語言的不通，不易了解中國政治和社會生活的特殊情形，所以對於中國平時發生的一切變故，頗不容易明瞭。如果要使這通訊機關成功，他們也必須合作。反之，如果他們對於中國組織通訊社的任何努力加以阻撓，那麼這通訊社便會夭折了。美國聯合通訊社（The United Press）日本東京分社之經理服安君（Mr. Miles W. Vaughn）對於此問題曾有左列之評論：

聯合通訊社在中國的方針，以爲關於中國的消息，應由中國新聞界組織的通訊社採訪搜輯，以供給中國之各報紙。如此，聯合通訊社便不必在南京採訪新聞以供給上海北京的報紙，或是在上海北京採訪新聞以供給南京的報紙。

聯合通訊社深信外人所辦的通訊機關越俎以專訪中國的新聞，一定不能使中國的讀者滿意。換言之，凡一國能自行組織通訊機關，以傳達本國之消息，而後可收最大之效果。譬如某中國通訊社記載美國國會的會議記錄，以供給美國舊金山的新聞讀者，這豈非怪事！那麼，如果美國某通訊社採訪南京政府的消息，以供給上海北平的華文報紙，也就是同樣的不近情理了。

約四年之前，上海曾經組織一個半官式的通訊機關。一九二七年時卜羅門 (William Prohme) 夫婦組織 (Nationalist News Agency) 但鮑羅廷被逐於國民黨之後，乃無形解散。上海之國民通訊社，爲李才氏主辦。該通訊社的經濟狀況非常困難，各地沒有特派的通訊員。該社的工作，大半是譯外報，或將上海華文報紙的新聞加以重編。中國外交部和財政部的消息，差不多完全是由國民通訊社傳出。此外，中國政府另有一通訊社，即中央通訊社 (Central News Agency) 該社爲政府公開的機關，社址與南京的中央黨部同在一處，該社在中央黨部宣傳部直接指導之下，該部主任劉盧隱氏爲美國留學生，前曾在舊金山辦一華文報紙。中央通訊社之總編輯爲余君，余氏前曾在北平辦理國聞通訊社若干年之久。現在中央通訊社的消息，僅限於華文，以故在外報的通訊界中，沒有重要的地位。該社在上海，北平，天津，漢口，廣州等處，皆設有分社，在國內各重要城市也都派有通訊員。該社擬在上海發刊英文通訊，但關於此種建議，還沒有擬出具體的計劃。

民國二十年四月十三日份天津大公報對於政府禁止日本聯合通訊社駐華通訊員採訪消息，曾有下列之評論；他們也主張政府應辦理一通訊機關：

> 外國通信社，在華採訪，諸感困難，尤以關於政府者，正確消息，得之不易；抑人類恆情，重祕密而輕公開，故官方消息，每啓懷疑，道路流言，反易傾信。是以外社所傳之不經消息，固有以惡意傳播之謠言，亦有因判斷錯誤而然者。然事實終爲雄辯，謠言終歸不久，該通信社終亦喪失信用。是以中國果有負責之通信機關，外社爲避繁瑣之故，未必不樂於受華社之供給消息。

此外尚有政府須加注意者，取締外國通信社在華傳播消息，固屬當然；惟各國大報，多另有駐華特派記者，此則任何國家所許。中國消息，固不能禁外國特派記者之採訪，而在中國無國際電信機關以前，如聯合路透等在華採訪消息，供給外國報紙，勢亦不能根本禁止。是以一方應取締謠傳，一方應講求如何待遇之之道；其道無他，欲禁止散播流言，則必須供以正確消息。其最簡單辦法，國府秘書廳外交部，宜每週定期接見外報記者，答覆質問……此外政府宜置有專員，常以非公式的方法，與在華有信用之外國記者，有交際之週旋，代謀其職務上之便利，此亦息謠之道，應爲政府所留意者也。

其次，關於新聞電報的價碼，也是值得我們注意的一個問題。現在由中國發往歐洲及美國的新聞電訊，每字的價格太高；如果中外交換電訊的分量加多，俾彼此能互相充分明瞭，則電訊的價碼，應當特別減低。現在上海各報館或通訊社發往倫敦或紐約的電訊，或由倫敦紐約發至上海的電訊，每字至少須金洋二角之譜。這種價碼，較比歐美彼此往來的新聞電訊價碼，有三倍多之高；價格既高，則新聞電訊的分量，勢必特別減少。如果中國發往世界各新聞中心地點的電訊價碼不減少，則各報紙不能得到相當分量的消息。

由上海發往美國各新聞中心城市的新聞電訊價碼如下：（一九三一年二月十二日公佈）

至馬尼剌	每字二七生丁（佛郎之百分之一）
至舊金山	每字六二生丁
至支加哥	每字七六生丁
至紐約華盛頓波斯頓	每字八三生丁

當時的金價是每墨銀一元，等於一金佛郎。由上海發往紐約的新聞無線電價碼，每字大約是金洋壹角六分。

外人所經營的有線電報公司，對於中外的電訊交通已經獨享了若干年的專利。但是近年因爲有無線電報的競爭，於是他們對於由倫敦發往日本南洋北美以及其他各處的電報價碼，不得不減低；但是中國與英國彼此之間的價碼，還是沒有減低，其原因是因爲中英電訊的交通，必須經過兩根海底電線，此兩根電線都屬於一個公司，因此不像中美中法中德之間有競爭。像這樣中央之間的商業及新聞電報價碼太高，實在是一個值得兩國政府注意的問題。

電訊的價碼旣然過高，便每易混淆叛逆土匪兵變共黨暴動等新聞。這些新聞每每是悚人聽聞而與中國的實際社會情形相反。一九三〇年紐約各報紙中有幾條新聞標題未免淆混了事實，茲特舉出以爲例証：

風雨欲來之北平恐怖時期 (Reign of Terror Browing in Peiping) ——紐約太陽報 (New York Sun)

中國婦女加入盜匪 (Chinese Women Take to Banditry) ——合衆通訊社

中國嬰孩至今猶販賣爲奴 (Chinese Babies Still Sold as Slaves) 紐約電報社 (New York Telegram)

在國外的報紙，關於中國的一項新聞，好像是一種投資。凡某地方悚人聽聞的新聞，都以電訊傳達，因爲大家覺得這是値得在報紙上佔大地位的新聞。世界各處的戰爭盜匪兵變搶刼等差不多永無止境，以悚人聽聞，於是各報紙對於此種新聞有不少的投資，而對於其他重要的新聞，反無餘資。

我們分析美國九個主要報紙由十年以至五十八年之間關於中國的新聞，結果有百分之七十是關於政治的，僅有百分之十是關於文化的。至於美國報紙登載歐洲文化的新聞，竟佔百分之四十七而有餘。如果電報價碼太高，於是外報駐華的通訊記者，不得不選擇駭人聽聞的消息，以最少的字數，送達本國，這樣，他們對於中國最近的真像，不能有一種公允正確的解釋。他們必須選出駭人聽聞的消息，而後本國的報紙可以大字標題刊於報頭。

現今惟一影響於國際新聞勢力最大的實莫過於報紙。現今報紙的勢力，實為空前所未有，其將來的勢力，較比以往且有日益增長之勢。報紙是現代惟一勢力最大的機關，可以引導世界的人民入於正軌，或走入歧途。現今的日報，可說是世界無數萬人民的平民大學。現在使世界各國人民互相了解或互相誤解勢力最大的，實莫過於各國所交換的新聞，以及各報紙的評論。

各國的國界固然是不可少的，但是此種界限不可阻止消息之傳達。如果我們各人能盡力溝通各國的經濟關係，則我們能夠減少各國人民的誤會，較比開什麼國交會議還要有效力些。擴充海軍固然重要，但海軍不能担保和平。強大的陸軍也重要，但陸軍也不能制止戰爭。建築一隻兵艦，需要二千萬金元之多。我們祇要一千萬元便可使中國與世界任何中心地點的消息溝通起來，而這種溝通促進和平的效力，較比耗費一萬萬元於軍備的，還要大些。

譬如最低限度的新聞電訊價碼，可以使中國與世界各重要地點消息的傳達，大大的增加。論到電報的價碼，我們要曉得，外國僅有很少數報館（中國絕無一個）的資本足以遣派個人記者在外國採訪新聞。因此，電訊價碼不減至有名無實的最低限度，則中國與世界各國新聞暢流的目的不能達到。雖然外國報紙對於中國的新聞沒有無限的需要，雖然中國報紙不一定願意刊載大量的外國新聞，然而電訊價碼的減低足以促進國際消息的暢流，足以鼓勵各報紙雜多派記者駐留外國，足以打破各國新聞交換的抑制和誤傳，這是無容懷疑的。

從前一根電線，同時不能傳達兩個消息，電報價碼很高，那或者是當然的事。但是現代科學進步，一根線內可有數小線一

——甚至兩線之間可有一處線——那麼，電訊的價碼便應當重新修訂，使世界的新聞得以暢流。從前英國新聞會議記錄中，主張凡在不列顛帝國以內任何兩地點，不論其距離如何遙遠，新聞電訊的價碼每字一律是一便士。他們不主張政府對於報館或通訊社有何津貼，他們之所以主張減低電訊價碼，其用意幷非是協助新聞事業，而是要聯絡帝國的各部。如果電報局是商業機關，決不會定出這低的價碼；即算是政府機關，如果定價如此之低，也難免不大大的虧本。凡傳達消息的機關，以公共利益爲前提的和以營利爲前提的，顯然是有很大的區別。郵政機關傳達世界各國的信件，無論遠近，每件祇收兩角；較之以遠近之不同，運輸之難易，而訂郵票之等級者，完全是另一種標準。

現在外國報館駐華記者以上海爲採訪新聞的中心點，實在是一種錯誤的辦法。中國不像其他的國家，政局是不定的。南京的中央政府雖然努力想使全國有一統一的法律和法制，但是守舊的分子還是常常阻止政府的進行。上海因爲租界之故，每爲失意政客逃亡之淵藪，因此上海時有謠言流行。同時，上海也是商業的中心點，如金融交易，棉業，及其他商品的市場，因而投機者到處皆是。上海的市場既是起伏不定，所以對於任何事每易張大其詞；任何悚人聽聞的消息，便隨時駭汗相告，遍地傳聞。

外人記者在上海隨時得到一項消息的時候，不能從官方得到證實或否認，因爲上海沒有足以代表政府的高級官員對於此種消息可以發表什麼宣言。現在各報紙對於新聞既然競爭很烈，所以各記者不及等待南京政府的證實。於是這項新聞便傳載於國外的報紙了。等到南京政府將來更正，而從前的消息所發生的影響已經是無從挽回了。大凡有地位的記者，對於任何不準確的消息，無論其如何悚人聽聞，是決不願意傳出去的。

外國記者之所以不願將採訪新聞的地點由上海移往南京者，惟一的原因便是因爲南京物質生活的設備過於簡陋。以物質設備而論，兩年之前的南京與內地的小城市比較起來，的確是不相上下。街道窄狹，遍地灰塵。既沒有自來水，而電燈也好比臘燭的熒熒之火。但是現在的南京，便要好多了。在中央建設委員會指導之下，電燈廠的規模和根基穩固了。大約不到一年之前，各處都改用自動電話了。還有南京市政府曾與 Materid Technique of Paris 訂有合同，由該公司供給材料在首都建設最新式的自來水工程。此外，許多房屋都已拆毀，開闢新路，舊的街道加寬，以便利交通。

在一兩年之內，南京便不會是一個絕不可居住的地方，如一般外人從前所感覺的。如果外國新聞記者住留南京，便可每日與政府的官員時有接觸。他們對於中國政府的種種活動，可以親眼目睹。他們所得的消息，都是直接而來的。如果有什麼話言，他們便可直接去會晤政府的代表。他們所想要得到的新聞，都是準確而迅速的。而且這些新聞記者與中國政府時常的接觸，可以逐漸增加彼此的友誼和了解。

在這種融和的環境之下，外國記者由中國發往本國報紙的種種新聞，對於中國一定是同情的，建設的。

檢查新聞的問題，每每是一個難得定論的問題。外國記者極力反對中國政府對於新聞的檢查，但是他們要曉得世界任何其他國家的政府，也莫不如此。凡從日本法國意大利或俄國發出的有線或無線電消息，若未經過各該國政府官員的檢查，是不能發出去的。那個政府的官員在名義上或許不稱為檢查官，但是他所行的是檢查官的職務，因為這樣凡本國發出的電報，政府皆知其內容。數年之前，美國國會考查國際消息傳達的情形，得知英國商業部對於世界任何處的消息，凡經過英國所經營的有線或無線電的，都檢閱之。在歐戰時，世界列強都採用這種祕密偵察的制度，而至今各國還是通行。

一九三一年五月，國民政府始初次制訂檢查一切電訊的條例。一切電報無論是明文的或特殊電碼的，都須經過檢查；但是有特殊電碼的電報，如果有領事為電報公司担保，則不必譯成明文。

茲將國民政府所訂電報檢查條例，特節錄左列各條：

一、凡收發各電報，均須送交中國政府所派檢查員檢查。

二、凡明碼電報對於中國或治安及中國法律有損害者，檢查員得截留之，送呈交通部審查。

三、凡中國著名商業公司送入之密碼電報，必須蓋有該公司之圖章，并由該公司經理簽字担保。此種圖章及簽字必須先製樣張交電報局存案。但必要時，檢查員仍可翻閱密碼書。其他中國公司或個人密碼之電報，均必須附有明文及所用之密碼。

四、凡外人之商業密碼電報，必須由各該公司所屬國領事預先對於該公司來函担保，送交電報局存案，則密碼電報無須領事簽字。但在必要時，檢查員仍可要求翻閱密碼書。

五、在必要時，檢查員對於收到之商業密碼電報，可按照來電地址，要求檢查密碼書。

六、凡外國政府之電報，無論明碼密碼，均免檢查。

民國二十年五月十九日，右列規程均經大北電報局，大東電報局及太平洋商務電報公司公佈。

中國因為政局不安定，對於軍事消息的檢查不僅是合理的，而且是絕不可少的。每凡戰事的爭端是如此之嚴重，走漏消息於敵人結果是如此之重大，所以南京政府對於戰時各種消息，特別是從戰爭區域發出的消息，無論其與軍事有直接或間接的消息，都必須極端嚴格的檢查。舉凡一切辦理新聞事業的人，或負責的新聞記者，對於這種見解想必是同意的。不過一般傳達新聞的人，總是不喜歡檢查的。他們總覺得檢查是不便利的，是討厭的，而且每每檢查失掉了原來的用意。的確，現在中國有些地方的檢查是武斷的，軌外的。但是像這樣的檢查，較之那些對於軍事消息合理的檢查，實在是有天壤之別的。在原則上檢查新聞雖然是對的，但是不合理的，武斷的檢查勢必引起一般記者通訊社以及報館的厭氣和反對，終至違反了合理檢查的主要目的，而不能得到各新聞機關及記者的同情和合作。

各外國通訊社和報館駐華的記者，本來是以冒險熱心的精神，想努力替他們代表的新聞機關工作的，如果希望他們對於政府的新聞檢查馴服而不置一言，這實在是不可能的。作者在上面已經說過，中國有些地方的新聞檢查是不合理的，武斷的。但是各外國記者應當原諒人類難免是不無錯誤的，他們補救的辦法，不應當去反對中國的新聞檢查，而應當激動中國，使新聞檢查入於正軌。

中國新聞事業將來的發展，是不可限量的。將來的民衆教育發展，則中國的報紙在數量和篇幅上，也必隨着而發展。中國的民族運動，欲圖完全的獨立和主權的恢復，便不可不有賴於新式而努力的新聞記者。世界各國，莫不欲得知中國的進展如何。中國將來的新聞記者，如欲完全負起此種責任，便不可不受適當的訓練，因此中國不可不從速設立新式的新聞學校。我國在外國學習新聞學的，爲數太少，不足以担負此種重要的工作。

遠東方面最新式而設備最完全的新聞學校，要算是北平燕京大學的新聞學專科，由美國新聞界所創辦的。美國密蘇里大學 (University of Missouri) 校長威廉斯博士 (Dr. Walter Williams) 爲該專科發起委員會的主席，先籌得基金五萬金元。這樣，每年一萬金元的最低限度當年經費，便可維持五年了。他們相信在五年之內，可有相當的成績，以後便容易籌得永久的基金了。這五萬元的五分之四，是由美國出版界和新聞界捐助的。支加哥每日新聞 (Chicago Daily News) 的發行人斯特龍氏 (Mr. Waltor A. Strong) 爲首先捐助者，對於這項事業曾發表這樣的意見：『以鄙人所見，我們從事於教育工作，欲以最少的金錢，希望得最大的收獲，沒有比這更好的機會了。中國將來的發展，與美國關係之重大，實在是不可逆睹的。」

在上海各大學，曾開或設有新聞的課程，但是像燕大這樣的新聞學專科，在中國還算是創舉。今日的中國，需要有良好訓練而得力的新聞記者，和新式的新聞報紙，以協助政府和人民的偉大建設工作，這是無容懷疑的。

中國的新聞記者受過西洋專門訓練的，爲數實在是很少。我們希望北平燕大之設立新聞專科，祇是中國研究新聞學的開端。我們希望中國其他各大學也步着後塵，這樣，在十年之內，中國就可有多數受專門訓練的新聞記者，負責組織傳播新聞的良好機關，於是世界各國府於中國便可得到準確的消息。

中國雖名爲獨立國家，但中國在外國宣傳的工具還是操之於外國各通訊及報紙之手。世界出版聯合會，中國沒有代表。中國的新聞，都由外人所辦的通訊社傳播。中國政府沒有代表的通訊機關。但是這種種缺憾，將來都會彌補的。一旦中國脫離了政治的紛擾，從事於建設工作，政府的通訊機關便會應運而生的。那時外人在華所經營的通訊機關，便不能佔主要的地位，而祇能做合作的工作了。

辦理新聞事業的責任，一年加重一年，新聞事業的使命，是將某民族解釋於其他的民族。此種解釋，可以發生好感，也可以發生惡感。即以選擇完全客觀的新聞而論，新聞記者對於讀者的心理也可有很大的影響。如果某國所發出的新聞專是搶劫和盜匪，其餘百分之九十的好新聞都保留不發，那麼無怪乎世界各國都以爲這是一個無人而非盜匪的國家了。論到傳達各種政治和國際的新聞，辦理新聞事業者實負着保持世界和平的責任。記者將某國人民的日常生活傳達於他國之人民時，可以打破兩國間的纖滯，可以促進國際間的諒解和世界的和平。

以上種種，都證明將來的新聞記者，對於眞實之追求以及傳達新聞之準確可靠，都有日益重大之責任。

二、日本在華的新聞事業

日本在華新聞事業組織之興衰，與中國政局的變化有密切的關係。在一九一一年，世界最老的帝國，一變而爲最新的共和國。民國成立以來之十七年中，武人割據，迄無甯日，直到一九二八年六月國民黨勝利時，全國才統一。關於各軍閥鬥爭和政治傀儡之此起彼仆，在此不必詳論。自袁世凱死後，黎元洪、段祺瑞、曹琨、吳佩孚、馮玉祥、張作霖等，都相繼把持北京政府。上述諸人，都糾合本系的黨人，爭霸於一時。

中國的內戰，給日本的通訊社和報紙一種機會，把持國內新聞凡十餘年之久，直到北京政府倒台後而後隨之崩潰。在這十餘年全國陷於水深火熱之中，各省督軍都擁軍自重，互相鬥爭，或反抗北京政府。當時各省的新聞檢查，非常嚴厲，如果某省要得到別省確實的新聞，實非易事。即或有時得到一些有趣的新聞，但也不敢刊登出來。當時無所謂出版法，而有些肆無忌憚的軍閥如張宗昌之流，對於出版之自由毫不尊重。因此本國所有的報紙，對於國內一切關於政治軍事的最近新聞，都不得不依賴外人所辦的通訊機關。北平各日報的新聞開端總是『據外人消息』。這些報館的主筆，以爲插入這一句話便可免有造謠之嫌，而且使讀者覺得所載的新聞，是由獨立的可靠的根源而來。

外人通訊社在國內按時傳達消息的很少。固然，英人所辦的路透社按時有國內各處的通訊，但當時中國各日報對於本國的種種新聞，大都還是依賴日本的東方通訊社和電報通訊社。當時各省的督軍，都有日本顧問。各督軍的軍械，大都由日本而來，而有些督軍的經濟來源，也是依賴日本。因此，當時每個督軍的政治或軍事行動，都有日人報告於北平之日本公使。當時日本公使芳澤每星期在北平召集日本的新聞記者，對於中國的政治情形，作簡略的報告。

一九二八年六月四日張作霖在皇姑屯炸死，是近代中國史中一項極重要的新聞。當時日本通訊社所得的新聞，比其他的要早許多。當四月三日時，閻錫山之山西軍，馮玉祥之國民軍，及蔣介石之革命軍，都進迫北平天津，於是張作霖往瀋陽退動。當時與張作霖同車的有日本軍事顧問兩人。一在天津已下車。另一顧問則當張作霖被炸重傷時，仍與張作霖同車。正當中國官員忙於救護張作霖時，該日本顧問乃至最近電話處，將消息報告瀋陽之日本總領事。因此當時瀋陽得知此項消息的，祇有日本新聞記者，他人一概不知。更可異者，關於張作霖被炸後幾日中的受傷情形，各國新聞界都必須由東京而後可得有消息。

有一個時期華北的人都讀日本人所辦的報紙。當時奉天的盛京時報每日銷行有一萬六千份。辦盛京時報的公司，同時在北平也辦有順天時報，銷數有一萬二千份。順天時報在北平頗風行一時，因為當時祇有該報敢於反對袁世凱做皇帝。日本報紙可以發表任何言論，不受政府的挾制。

但是一九二八年北京政府倒台之後，日本壟斷中國新聞界的勢力也隨之而崩潰。南京建設有力的中央政府，在中央執行委員指導之下有宣傳部之組織，對於本國各報紙，各通訊社，以及雜誌等的言論，都有完全管理權。一九三〇年十二月十六日國民政府所頒佈之出版法，禁止各出版物發表左列各項的言論：

(一)意圖破壞中國國民黨或三民主義者，

(二)意圖顛覆國民政府或損害中華民國利益者，

(三)意圖破壞公共秩序者，

(四)妨害善良風俗者。

凡外國新聞記者用中國有線或無線電報發電訊者，必須先在外交部宣傳股領取執照。外國新聞記者在外交部領得執照後，而後可在交通部領得正式新聞記者證。如此，政府對於國內之外國新聞記者，可有相當之裁制權。此外，政府派往各電報局電話局的檢查員，對於任何妨害國民政府的消息，可以隨時截留。

一九二九年冬石友三的兵在浦口變叛。當時政府的軍隊都調往他處。毛炳文之第三師和朱紹良之第八師都調往廣州，抵抗張發奎之鐵軍。顧祝同之第六師，蔣鼎文之第九師，以及中央陸軍軍官學校之學生，都調往漢口。當時另有一傳聞，馮玉祥的軍隊預備由河南沿平漢路南下。石友三之兵共有三千，器械完整，當時自然頗使南京政府棘手。況且京滬鐵路也有數處爲亂兵所拆毀。當時有人造謠蔣介石乘飛機由南京逃往上海。日本電報通訊社的駐京記者即以此項謠言認爲事實，用長途電話報告上海：蔣介石已乘飛機逃走。

因爲這次電報通訊社的記者傳聞失實，所以中國政府便剝奪了他們用中國有線無線電報以及長途電話的權利。凡登載這項家聞的報紙，也不准利用郵局以傳送報紙。這種辦法，實在是一種很有效的裁制辦法。這些報紙，都不能送往外埠。不過後來電報通訊社的記者因爲發出上項消息正式向南京政府道歉，而後才恢復他們的權利。

日本聯合通訊社的記者，也在南京發生過一次糾葛。一九三一年三月立法院院長胡漢民與國民政府主席蔣介石因臨時憲法事爭執辭職。當時聯合通訊社由南京發出之消息，爲胡氏在湯山爲蔣介石所扣留。次日該社又發出一消息，爲胡氏絕食以反抗蔣氏。

當時南京政府對於聯合通訊社即取迅速之裁制手段，不許該社記者用京滬長途電話。至於他用有線無線電報，也嫌太慢。凡在南京的外國新聞記者，如欲迅速由南京發出消息，都必須完全依賴於長途電話。有線或無線電報由南京至上海，大約須四至六小時。夜間九時以後，發電報也無用。由南京至上海的快信須十小時。至於航空快信因天時的關係，是不一定可靠的。如果天氣好，不一定就有重要的消息。而且航空信必須每早十時以前投郵，因爲飛機每日中午十二時由南京出發。但是在早是南京不會有什麼重要的消息。

因此，南京政府取消聯合通訊社的記者用長途電話的權利，實在是一種嚴厲的裁制手段，使他在一種很爲難的地位。南京重要的消息，他不能迅速的傳出。

後來京滬的日本新聞記者發出宣言，極力反對南京政府壓迫言論的自由，於是事態便更嚴重了。結果交通部對於全國各傳遞消息的機關發出訓令，不許聯合通訊社的記者用有線無線電報以及電話等。南京日本領事雖屢次呈請中國政府恢復權利，但中國政府堅持不允，除非聯合通訊社記者在八個月內將已往不正確之消息加以更正。

此次聯合通訊社之事件，已引起國際間之注意，至今尙未得解決。

此外，日本新聞界在華之壟斷勢力，因爲另一重要原因，更促成其末運。中國政府除一方面對於日本在華的通訊社和新聞報紙與以相當的裁制外，而一方面對於中國記者在各政府機關採訪消息時，則與以種種便利。政府之各種會議，均定有日程表。國民黨中央執行委員會每星期四開會，國民政府會議每星期五開會，中央政治會議每星期三開會，國務會議每星期二開會，立法院會議每星期六開會。關於上述各會議的記錄，都由各會議文書處交各新聞記者。外交部部長王正廷氏大約是每星期五上午與各記者談話。

因上述原因，中國各報紙登載日本通訊社的新聞，都逐漸減少。而且日人在國內所辦的許多重要報紙，都已停刊。如北平落於革命軍手之後，順天時報和華北正報（Nortn China Standard 譯意）都次第停刊。一九二九年七月三十一日聯合通訊社代替東方通訊社之位置，爲日本駐華公使館之正式通訊機關。聯合通訊社和電報通訊社的新政策，似乎是集中能力搜集中國各重要地點的新聞，以爲本國報紙之用。至於將消息供給中國報紙，則居於不重要的地位。

至於日本在東三省和關東租借地的新聞勢力，則情形又完全不同，因爲他們在這些區域有特殊勢力。日人僑居租借地的人口有二十餘萬，中國人口也有八十九萬餘。日人在此經營之南滿鐵路，由長春至大連有六九八·四英里之長。該鐵路的資本，現今共計有四萬萬餘日金。該鐵路一九二九年至一九三〇年度的淨利，將近三千五百萬日金之多。

南滿鐵路公司在華北之大港口大連辦一日報，名滿洲日報，每日銷行三萬份之多。這是日本在中國最大最有勢力的報紙。日本在大連所辦的報紙共有三種，即滿洲日報，遼東新報，及大連新聞。遼東新報是私人所辦，他們言論上惟一的政策是與南滿鐵路公司爲難。他們攻擊南滿鐵路公司的影響頗有勢力，所以最後該公司不得不以二十餘萬日金的鉅款將該報收買。

遼東新報併合於滿洲日報後，於是南滿鐵路公司不得不物色一相當人物，以主持滿洲日報。結果高柳少將被聘爲該報之總經理。高柳爲田中義一的好友，一九一七年日本政府派爲海參崴陸軍情報處的處長。後來南滿鐵路公司請他爲高等顧問。

政友會在日本得勢後，田中內閣的同僚高柳氏乃任滿洲日報的總經理，齋藤欠郎氏爲總編輯。後來田中內閣失敗，民政黨登台，於是南滿鐵路公司改組。一九三一年二月，高柳少將辭職。從前有許多人批評，滿洲日報不應以黨人來主持。東京的政局時常改變，以致大連日報的進展，每感不便。後來大家決定派一個有專門訓練而與政治獨立的人來主持該報。結果東京朝日新聞的前任主筆淞山氏被聘來主持該報。

遼東新報爲滿洲日報收買之後，於是別人又可辦一個報紙，居於反對的地位。於是有大連新聞代替遼東新報的位置而起，專門攻擊南滿鐵路公司，不過他們的銷數很少，資本也不雄厚。

日本在東三省還有一個重要的報紙，便是在瀋陽發刊的一個華文報紙。該報即盛京時報，一九〇六年時爲中島氏所創，中島氏也就是一九〇一年時在北平創辦順天時報的。試該報數每日有一萬六千份。九一二五年盛京時報組織公司，佐原大武士氏被選為該公司的總辦。

此外，在遼甯還有三個日人所辦的報紙。奉天新聞創辦於一九一七年，每日銷數有五千，總編輯為齋藤吉大。其他還有兩個日本報紙，銷數較少。一為奉大日日新聞，前稱南滿日報。該報改組時期為一九二六年，現在總編輯為井谷仁。另一報為一九二〇年創辦之奉天每日新聞，創辦者松美屋元木現已去世。

沿南滿鐵路之安東與營口，也有日人所辦的報紙。在安東的名安東新報，創辦於一九〇六年，每日銷數有二千五百份，總編輯為川復氏。該報除在安東銷行外，也有朝鮮新義州的許多日人閱讀。在營口的是滿洲新聞，創辦於一九〇八年，現在總編輯為大川氏。

近年日人在哈爾濱辦有兩個報紙。一為哈爾濱日日新聞，發刊於一九二二年，為片間氏所創辦，現在每日銷數有一千二百份，總編輯為齋藤次郎。一年之後大幹岡仁創辦哈爾濱時報，現在每日銷數為六百份。

日人在北平所辦的報紙，最盛時代已過。順天時報為華文報紙，從前在北平若干年很佔勢力。該報為一九〇一年淨島氏所創辦，淨氏後來又在遼甯創辦盛京時。報該報對於北京政府的種種政治陰謀暴露無餘，還有種種戰事消息為他報所未有，所以風行一時，為北平其他日人或華人所辦的報紙所不及。該報紙數最多時達一萬二千份，即袁世凱計劃做皇帝時，該報在評論裏極力反對袁氏的此種陰謀，并登載一切不利於袁氏的種種消息。該報當時的勢力有如此之大，以致擁護袁氏的一班人出資三萬元，請該報特印一張有利於袁氏的報紙，以為袁氏個人閱讀。袁氏看了這張報報，非常喜悅，以為全國上下，都贊成他做皇帝。

北華正報（North China Standard）譯意）也是日人在北平所辦的這是一個英文報紙，創辦於一九一九年，其目的是發表日人對於中國時局的種種意見，并想推倒美人所辦的北京導報（Peking Leader）這兩個英文報紙，鬥爭非常激烈，雙方在廣告和銷數上極力競爭。北華正報是反對中國的，銷行於東交民巷各公使館以及一般帝國主義派的外國商人。北京導報的主筆克拉喀氏（Mr. Grover Clark）和北華正報的主筆哥爾門氏（Mr. Gorman）當一九二八年五月濟南慘案後各在本報首篇上極力互相爭辯。前者以爲日本軍隊之調往山東，并無正當業務，而後者則以爲日軍之炸轟濟南，爲必須之手段。

北洋政府崩潰之後，順天時報和北華正報乃隨之而歸於淘汰。他們與當地的國民黨，發生了許多糾葛。有一次全體的報販，都不替他們賣報。中央政府建都於南京，於是北平差不多變爲一個死城了。舊都的商業，一落千丈。如此情形，於是這兩個日本報紙的主辦人，决定停刊。其餘所剩下的，祇有兩個不重要的日本報紙。一是北京新聞創辦於一九二三年，每日銷數僅四五百份。該報原有南滿鐵路公司的津貼，但自國民政府建都南京之後，此項津貼便也停撥了。該報前任主筆佐富現在南京爲南滿鐵路公司的代表。現在該報繼任的主筆，爲阪木氏。另報紙一是新支那，創辦於一九一三年，現在每日銷數僅二百份。該報總編輯爲晉澂氏。

日本在上海的報業發達史，可追源於日俄戰爭時一九〇二年日本與英國聯盟，其目的爲反對俄國以保持中國領土之完整及朝鮮之獨立，而最後乃與俄國走入戰爭之途。一九〇三年二月九日日本與俄國正式宣戰。當時日本覺得日人對於僑居中國的歐美人，應當有一種發表言論的機關。日人佐原大武士氏有許多外國友人，而且有日本政府的經濟援助，結果對於英人在上海所辦的文匯報（Shanghai Mercury）有插足的地位。該報至一九二一年時，爲大美晚。(Shanghai Evening

Post) 所收買。

日本在上海最老的報紙，要算是一九〇四年戶出三郎氏所創辦的上海日報。戶出氏曾經兩次被選爲日本國會的議員，在中國居住有四十三年之久。至一九二九年十二月，上海日報轉賣與葉田氏。葉田氏爲上海同文書院畢業生，從前曾在順天時報編輯部任職，一九一四年時創辦東方通訊社。東方通訊社改組之後，葉田氏被任爲該通訊社在上海的經理。一九二九年七月卅一日日東方通訊社併合於聯合通訊社，葉田氏乃辭去該訊通社的職務，集中全副精神辦理上海日報。戶出氏出賣上海日報時，原索價十萬元，但最後雙方商定爲四萬五千元。該報銷數有三千五百份。上海僅有日人三萬，該報銷數達三千餘份，也可算不少了。

此外，上海還有兩個日本報紙。一是上海每日新聞，創辦於一九一八年，總經理爲佐久次郎。另一報爲上海日日新聞，創辦一九一四年，總經理爲宮自氏。這些上海的日本報紙，雖然靠本地銷行，但他們的趨勢是多載商業新聞，以增加其在日本的銷銷。他們在中國各地沒有特派的記者。一切政治和商業新聞，均由聯合通訊社和電報通訊社供給。如果他們以大部分的地位專載關於中國商業問題的文章，或許很能吸引長崎大坂等埠商人的注意，因爲他們很留心中國商業方面的機會。

日人在漢口的祇有兩千，所以漢口的日本報紙，勢必銷行很少。漢口日報在前清卽已創報，卽一九〇七年。該銷報數有一千份，除漢口外，也銷行於湖南之長沙，四川之重慶，湖北之宜昌，及其他長江上游之口岸。編總輯鬬氏於兩年前去世，該報也隨之而消滅。

現在漢口祇有一個日本報紙，卽漢口日日新聞。該報創辦於一九一八年，總編輯爲美之美屋，每日銷數由四百至一千份。

天津的日人，顯然可分爲兩類。此種類別，完全是由本地特殊情形而來，與日本的政治毫無關係。一種是個人自動在天津經營商業的，另一種是由日本某公司派至天津來經商的，與前者處於對立的地位。所以結果天津有兩種日本報紙。一是京津日日新聞，創辦於一九一八年，每日銷數有一千二百份，總編輯爲森澤。此外，天津從前本有兩種日本報紙，卽北晨時報和北支那新聞。一九二〇年時，此兩報合併而爲大津日報。從前大津日報的主幹爲西村兩前之前去世，現今繼任者爲新渡。

一九一四年西洋各國忙於歐戰，日本乃乘機侵略山東。日本自恃爲英國之聯盟國，於一九一四年八月十五日警告德國調回遠東之一切兵艦，幷將膠州灣租借地轉讓與日本。德國置之不理，於是八月二十三日日本向德宣傳，奪取德國之租借地。日本軍隊佔領青島後不久，卽有吉渡氏創辦靑島新報。該報現在總編輯爲片荷，每日銷數有二千份。濟南之山東時報爲一九一九年岡氏所創辦，現在靑島設立分館，每日幷在靑島發行特刊兩張。

福州的民報，可算是日人在華經營的報紙中最老的一種。創辦該報者眞失田氏，現已去世。該報創辦於一八九七年，每日正篇爲華文，幷有日文附刊兩張。在過去的數年中，福州中國政府當局對於該報的反華態度，極表示不滿。

廣州僅有日本報紙一種，卽廣州日報。該報的銷數很少，在廣州的地位也無足輕重。

現今日人對於在華經營報紙的前途，頗難樂觀。從前他們有日本各大公司機關的津貼，如南滿鐵路公司，橫濱正金銀行，三菱會社，日清汽船株式會社等。上海每新日聞創辦時，有上海之日本証卷交易所之津貼二萬至三萬元。自一九一九年之日本不景氣象，及一九三〇年銀價低落，日貨在華入口價値減低後，於是日本各公司對於宣傳之預算，都不得不減少。如果日本和中國的商業狀况沒有進展，日本在華所辦的報紙，恐難繼續維持。

日本在華通訊社發展的經過，可追源至歐洲大戰時。日本著名的新聞記者多戶氏曾參加巴黎和會，很驚嘆英國路透社和美國合衆通訊社工作之偉大。和會後他回到東京的時候，便與外務省商議。他以爲日本與中國的關係，對於日本重要，如果日本要在中國表示日本的意見便不可不在中國組織特別的通訊社。他的建議，頗得日本各政界領袖的贊同，一九二〇年日本政府便派多戶氏來華組織通訊社。

多戶氏來華組織通訊社時，上海已經有一個日本通訊社，一九一四年時爲葉田氏所組織。該通訊社在北平廣州漢口遼甯等處都有分社。後來多戶氏與葉田氏經過多次的商議，乃將舊通訊社重新改組，而組織新的東方通訊社。東方通訊社既爲日本外交省在華正式的通訊機關，所以有東京政府按期的津貼。該通訊社發出之通訊電稿售與日本各報紙，每月定價日金四百元。但是後來日本外務省的津貼逐漸減少，以致後來很難維持下去。一九二六年東方通訊社與國際通訊社併合，而組織現今世界聞名的聯合通訊社。該社整個的名稱爲日本新聞聯合社。聯合通訊社因與路透社訂有合同，不能在中國傳遞消息，所以該社仍以東方通訊社的名義，供給在華各報的消息。一九二九年路透社與聯合社改訂合同，無須再用東方的名義，故自一九二九年七月三十一日起，乃取消東方的名稱，而在華正式用聯合社的名稱。

日本傳播國際新聞的通訊社，始於聯合通訊社，或曰國際通訊社。

三十餘年以前，美國合衆通訊社駐東京的記者康雷地氏（James Russell Kennedy）向日本各政治界領袖提議，政府組織一個通訊社，以爲國際宣傳之用。但是經過許多年，總沒有具體的進行。後來此項建設引起了伊藤氏，勝等氏，澁澤氏等的注意。伊藤是當時最有勢力的政治領袖，而澁澤是日本財政界最有勢力的。至一九一三年，便有了具體的計劃，次年國際通訊社便組織成功。在早年日本幷沒有有充分專門訓練的新聞記者，其才能足以主持這種國際通訊機關，所以不得不請康雷地氏爲總編輯。我們看己往的歷史，曉得日本人學習的能力是很大的。一八七二年時，日本政府所請若干澳大利亞的軍官，教練本國人學習戰術，在很短的時期內，本國的人便學得會了，便無須聘請澳大利亞的軍官了。日本海軍的組織，也是付託於英國軍官，但是數年之後便無須英國軍官的輔助了。同樣，在很短的時期內，國際通訊社的一切經營責任，也都轉於本國有才幹的新聞記者之手了。該通訊社沒有在外國特設的分社，所以他們與路透社訂立合同，凡路透社所採訪關於世界各國的消息，都由國際通訊社傳播於日本國內。

一九二〇年國際通訊社與東方通訊社併合，結果即為聯合通訊社。聯合通訊社的組織，與美國合衆通訊社大約相似，因為該社是日本若干大報館聯合組織成功的。加入聯合通訊社的報館，有報知新聞，東京日日新聞，東京朝日新聞，大坂每日新聞，大坂朝日報，新時事新報，阿大新報，神戶新報，此方新聞，三要新聞，京新日報，支那每日報。聯合通訊社的總編輯為岩中氏。凡加入該通訊社的，每報館每月各出資日金二千元。該通訊社在大坂所設的商業新聞通訊分社每年的收入有日金五十萬元。據說該通訊社的收入不足以抵消該社的一切開支，而必須受外務省一部分的津貼。該社除在日本各重要城市設有分社外，并在倫敦，柏林，紐約，巴黎，日內瓦，凡庫非，檀香山，馬尼剌等處有特派記者。

該通訊社在中國下列各處設有分社，即大連，遼甯，長春，哈爾濱，北平，天津，上海，南京，漢口，青島，濟南，滿洲里，福州，鞍山，香港，廣州等處。

左列統計，為一九三〇年八月國外各處送往東京聯合通訊社總社消息的記錄：

發出地點	消息數	字數
歐洲	一四五	六，八一四
中國	四二一	一六，七三五

中國各城分計

南京	四三	一，五九一
北平	六六	二，四八七
濟南	五	二四八
天津	九	二二四
漢口	七七	二，八八八
九江	一	四四
青島	五	一七九
廣州	一	二四

普通而論，由南京和上海發出的消息，比其他中國任何城市的都要多些。按右列的統計，從漢口發出的消息特別多些，這是因爲當時兩湖各處共黨滋擾非常利害。右表北平的消息也非常之多，這是因爲當時閻馮反抗中央之故。

一九三一年二月，聯合通訊社上海分社發往東京總社的消息，有一百五十餘項，約四千字。上海發往東京的消息，每日平均約五項，不過裏面有時包括由南京轉送的消息。常常南京的記者用長途電話報告上海，再由上海電達東京。由上海往日本的新聞電訊每字約銀洋二角一分，普通電報每字約七角五分。上海的分社，是該社在中國最大的分社。上海分社維持的經費，每月約須四五千元，其他分社約須一千五百元。聯合通訊社全份消息在上海的定價每月爲七十分，僅關於中國的消息每月二十元。

日本在中國最著名的通訊社祇有兩個：一爲聯合通訊社，一爲電報通訊社，或曰日本電報通訊社。電報通訊社爲一九〇

○年三越中氏所創辦。嚴格講來，該社最初并非通訊社，而是一個廣告社，後來漸漸改爲通訊社。三越中氏是一個眼光遠大精神充盈的人，在他的指導之下，該社逐漸發達。該社在日本國內各大城市派有記者，採訪全國的新聞。該社與外國的通訊社也有聯絡，（如美國的聯合通訊社）以傳遞國際的聞新。

日本報電通訊社之供給中國新聞界的消息，始於一九一九年。幾年之內，便在大連，遼甯，北平，漢口，天津，上海等處，設有分社；并在南京，青島，廣州，濟南，重慶，哈爾濱等處，有特派記者。該社的普通通訊電稿和商業消息，在大連，遼甯，北平，漢口，天津，上海等處發稿。聽說該社最近擬在中國再添設兩處分社，并在南京發稿。如果上述的消息的確，那麼外國通訊社之在中國國都發稿，要算創始於電報通訊社了。路透社，日本之聯合通訊社，以及美國之聯合通訊社，雖然在南京都有特派記者，但在南京并不發刊通訊電稿。不久以前，南京政府所辦之中央日報請路透社在南京發刊電訊稿；一年之前，國民黨所辦的中央通訊社，也與路透社交涉代替該社在南京發刊電訊稿。但是這兩次的計劃都未能成功，主要的原因是因爲沒有迅速傳遞的電訊機關。

以營業爲目的的通訊社，必須發賣通訊而後能維持。日本的聯合通訊社是政府的宣傳機關，所以除日本各大報館聯合投資外，在必要時，也可由政府方面津貼。至於日本電報通訊社的情形則完全不同。如果其他的通訊社與電報通訊社肆意競爭，則其所受的影響很大了。因爲此種情形，所以電報通訊社所傳遞的消息，總是聳人聽聞的。不過中國政界方面對於該通訊社這種方針，每每未能明瞭。他們總以爲電報通訊社是反對南京政府的。

電報通訊社採取這種方法，並非獨創的新方法。歐美有許多報紙和通訊社，也是採取這種方針。紐約世界新聞（New York World）在初發刊的時期，上等社會的人是不大看的。後來漸漸銷行日廣，在紐約各大報中有了地位的時候，於是漸漸改變其編輯方針。現在并不專載那些聳人聽聞的新聞了。於是其他新起的報紙，如紐約美利堅新聞

an）日日新聞（Dlaiy News）圖畫晚報（Evening Graphic）日日鏡（Daily Mirror）等便代替了從前紐約[illegible]聞的地位。

日本大半的報紙關於中國的消息，都是藉賴聯合通訊社和電報通訊社。在中國各部特派記者，耗費是很大的。不過東京和大坂幾個重要的報紙，在中國各重要政治中心地點還是有特派記者，如大坂朝日新聞，大坂每日新聞，時事新聞等，在南京上海北平天津漢口遼甯等處有特派記者。

日本記者在中國之非常努力，可以舉出從前日本某記者在南京的一件事以為例證。當一九二八Yada船年在上海為日本總領事時，往南京與外交部長王正廷氏談論各種中日問題，如濟南慘案，上海事件，漢口事件，中日關稅協定等，各日本新聞記者都擁到南京各有線無線電報局和電話局等，以傳達兩外交家的等等談話。他們把南京到上海的長途電話，從上午九點以至半夜，都以緊急電話的價格預定了。這種價格，大約是每分鐘銀洋一元。他們的一舉一動，以及他們之每一句談話，都報告到日本的報紙了。

在往日北洋政府的時代，政界領袖與新聞記者談話的時候，總有翻譯在旁，以為日本記者之便利。每每當時中國的官僚，不願見本國的記者，而反喜歡見日本的記者。至於現在南京政府則不同。現今日本記者在南京採訪新聞是頗不容易的。這些記者大半不能說流利的中國話，而國民政府的日本顧問對於中國政治的發展也不按期作種種談話。因此實際上差不多在南京的每個日本記者，都必聘請幾個中國記者，以搜集關於中國政府的新聞。但是中國記者情願做這種工作的，大都不是優等人才，所以日本記者對於中國政治所得的消息，每每是殘缺的，不準確的。

關於這種情形，下面便是一個很顯著的例子。一九三〇年十二月二十九日，國民政府宣佈關稅稅率表。在該表未宣佈數月以前，在南京的中外各記者都想用各種方法，得一份這樣的表。當時對於此事負責的財政部和立法院，對於所擬的表都絕對保守秘密。日本各商業公司都急於想早日得知關於進口稅率的消息，因爲如果稅率太高他們所受的影響便非常之大，南京有一個日本記者花了五百塊錢，買了一份假的。等到十二月二十九日眞正的稅率表正式宣佈的時候，才知道他所得的是財政部關稅委員會所擬的第一次初稿，那時他失望的情形，可想而知了。後來立法院對於這種初擬的稅率，有很大的修改。

日本在中國的記者，另有一種不便的地方，便是他們在一處地方將近十分熟習的時候，總館便把他們調往別處，一切都須從新開始。大坂朝日新聞在南京的記者在幾年中曾經換過三次，聯合通訊社的換過兩次。一個人在外國要與環境熟習，本來不是一件容易的事。一個日本記者在某處結交了一些朋友，有了許多聯絡，而能夠行動自如的時候，便又調往一個新的地方去了。這不但對於離開的人爲難，即對於新來塡補的人也非常爲難。

在中國日本報紙的主筆，以及日本派到中國的新聞記者，都負有很重大的責任。他們之能夠促進兩國的友誼，比外交家更有效力。我們要曉得日本派到中國的新聞記者，是要將中國的情形傳達與日本的一般人民，使他們能夠明瞭。弊原外相討論中日關係時，曾經屢次這樣說過：

> 中日兩國在政治經濟種種關係上，惟一的途徑祗有互相了解，互相合作。兩國眞正永久的利害，是不相衝突的，是共同一致的，所以彼此應當特別親近。

日本的商業，因爲政治的原因，曾經受過許多次的損失。在一九一五年，一九一九年，一九二二年，一九三一年，中國都有過抵制日貨的運動。最近的濟南慘案和朝鮮事件，也引起了激烈的反日運動。不過近來對於阻止日本商業的進行漸漸消沉，而日有起色的趨勢，因爲日本比歐美各國較爲接近，所以日貨易於暢銷。

英國喀萊爾（Thomas Carlyle）曾經說：有才能的新聞記者，是世界的調解人。因此，本日在中國的新聞界，對職務有日的種種隔膜，促進兩國永久的友誼，實負着很重大的責任。

三、英國在華的新聞事業

『路透社的勢力，較比世界任何海陸軍的勢力更大更危險。』

——德國 Berliner Tageblatt 報

當歐戰第三年時，德國的潛水艇割斷了英國的一根海底電線。後來英國的船把割的線頭子尋着修理的時候，線上貼着一張紙條子，上面有這樣幾個字：『這是U字第四號潛水艇的工作，使路透社的反德工作停頓了。』路透社在世界各國的勢力之大，不僅激起了德國政府當局的嫉羨憤怒，而且也激起了全德國人民的嫉羨憤怒，所以在歐戰完畢的時候，路透社之名在歐洲中部無不為人所痛恨，而同時為人所尊敬。

路透社的名稱世界各國都認為一種典型式的英國機關，該社在遠東方面所製造的英國空氣，所傳播的英國思想，實較比英國其他任何機關所成就的都要大。自蘇彝士河以東，以至馬來半島，荷屬東印度，而香港，而中國，凡英文以及本地報紙所載的消息，無不是路透社或路透社美國特約電訊。

路透社是路透氏（Paul Julius Reuter）在八十年之前所創辦的。路透氏原是一個德國人，青年時僑居於英國，後來入了英國籍。創辦該社的歷史，是一種很自然的結果。當昔日維多利亞皇后時代，自朝廷以下，英德兩國的關係很深，當時還沒有夢想到數十年以後所引起的歐洲大戰。路透是一個有想像有天才的人，他想到大批搜集消息和大批傳遞消息將來發展之希望無窮，可謂天下第一人。他是一個猶太人。在以前的數百年中，國際間搜集傳播消息的，都是閃族人（即猶太和亞拉伯人）這確是一件有趣的事。自古代東方市場的傳信者以至聖羅馬帝國時代福格司氏（Fuggers）諸人以至滑鐵爐之役時的

羅特細爾特 (Rothschilds) 諸商人因爲先得到戰爭變化的消息而在商業上獲得大勝利。不過上述這些傳遞消息的人，原來的用意幷非在於宣佈在當日的新聞紙上以公於大衆，而是在於增進他們金融財政上的利益。路透氏最初創辦通訊社的時候，也無非是這個用意。他最初是在英國愛斯拉沙伯 (Aix-la-Chapelle) 某銀行裏任寫字之職，常常研究報告上的各種市場消息，覺得用郵車從布魯塞爾 (Brussols) 所傳來的消息過於遲慢。他對於這問題的興趣日漸濃厚，便想到如果他能夠早一些時得到報告上的那些消息，傳達於當時城內的大商家，以便他們的交易較爲便易，這確是一件値得幹的事。他忽然想到用鴿子傳信，可以從布魯塞爾得到快些的消息。他於是買了兩個鴿子，與比京的一個朋友約好，每日商業報告剛宣佈之後，便用一張小紙將市場消息記上，裝在小袋裏，繫在鴿子腳上，然後將鴿子放到英國來。路透的這個計劃，進行得很順利。鴿子帶到愛斯拉沙伯的消息，總是在郵車到許久以前，於是各大商家得到這種很寶貴的消息，給他很大的報酬。後來路透又買了許多鴿子，把他所經營的擴充到歐洲其他的大城市；即時他又想到從卡力斯 (Calais) 到多維 (Dover) 裝設海底電線，必有更大的希望。這樣他不僅供給各銀行和交易所的商業金融消息，同時也有各種有趣的政治和其他消息，以供給各報館，以便一般羣衆閱讀。

他到英國之後，以倫敦爲通訊社總社社址，而自己入了英國籍。他最先是在皇家交易所 (Royal Exchango Buildings) 租着房子，小規模的經營，不過他使英國的新聞界實現他的理想，還經過了很長久的時期。一旦順利之後，他的成功便有把握了，他便無所顧忌了。在一八六五年以前，他的經營總是一種小規模的個人事業。到一八六五年時，他便將通訊社賣與路透電報有限公司 (Renters Telegram Company, Limited) 路透本來在這電報公司占很大的勢力。該公司原有資本二十萬金鎊，後來增到五十萬金鎊。一八七九年，路透男爵（現已封爲男爵）年老退休，他的兒子路透黑伯爾男爵 (Bar[illegible]ening

Reuter) 繼承父業。歐戰發動後不久，路透黑伯爾也死了，由鍾斯氏 (Sir Roderick Jones) 經理。

路透通訊社爲防止其股票落於外人之手起見，乃將該社的組織改爲私人的公司，名路透有限公司。一九二五年，英國新聞界聯合會與鍾斯氏爲路透社供給英國報紙消息之董事，在鍾斯氏去世或退休後，該通訊社完全歸英國新聞界。路透社雖然完全是一個非政府的機關，但是每當英國國事緊急時期，路透社是英國惟一的機關將英國政府的觀點時時日日公佈於全世界各處。

近數年來雖然世界有經濟恐慌，國際的紛擾，而路透社還是日鞏固其基礎，擴大其範圍。該社在世界各處的經營，有七個總經理負責，駐於上海、孟買、開羅、新金山 Capetown 紐約、鄂大瓦 (Ottawa)。凡在每一個總經理區域內屬下的經理，分社，記者等，都由總經理對於英國倫敦總社負責。上海總經理所轄區域爲馬來裴島及其東北部，中國，東三省，西伯利亞，朝鮮，日本，菲利濱，婆羅洲及荷屬東印度等。孟買所屬區域爲印度，緬甸，錫蘭，暹羅，西藏，阿佛汗，波斯，米所波大米，土耳其斯坦。開羅所屬區域爲埃及，蘇丹，阿比西尼亞 (Abyssinia) 巴力斯坦，亞拉伯。新金山所屬區域爲澳大利亞，新西蘭，及太平洋羣島。Capetown 所屬區域爲南非聯邦，非洲西南部，荷屬東非洲，洛諦西亞 (Rhodesia) 贊俾稷亞 (Zmbesia) Great Lakes。紐約所屬區域爲美國及南美洲。鄂大瓦所屬區域爲堪拿大。至於歐洲全洲由赫星法斯 (Helsingfors) 以至馬得里，由克立斯美那 (Christianda) 以至君斯坦丁，則完全直轄於倫敦總社，幷其他未屬於七總經理以內之非洲東部，西部，中部，南美洲，及其他處，亦屬於倫敦總社。

世界各國，凡沒有通訊社的，其主要的通訊社，無不與路透社有聯絡，訂有長期合同。譬如法國的是哈瓦斯通訊社 (Havas Agency) 德國的是華夫通訊社 (Wolff Agency) 意大利的是司丹法通訊社 (Stefani) 西班牙的是非比拉通訊，(Fabra) 此外尚有歐洲其他各國的通訊社。美國的是合衆通訊社，此外其他各國也有。在這些國裏，路透社都有分社和特派記者，他們不僅可以在各國採訪搜集新聞，而且對於各國訂約的通訊社的消息，可以有優先專用的權利。他們將這些消息選擇審查之後，再以有線或無線電報轉達於倫敦之總社；總社再加以審查，而後或以路透社的名義傳達於世界各處，如非洲北部南部東部西部，澳大利亞，新西蘭，印度，馬來半島，荷屬東印度，中國等；或以各國訂約的通訊社之名義，作爲各通訊社自己所採訪的材料。照已往的習慣經驗，像這樣把世界的新聞搜集在一個大的中心地點，而後分佈於世界各處，實在是最經濟最迅速的辦法。

路透社把全世界的新聞集中於倫敦，并且將附近較小的通訊社合併爲一氣，於是倫敦成爲世界新聞的交易所，以最少之銷費，獲最大之成效。雖然如此，然而路透社僅以併合其他通訊社一項而論，每年的用度即已達五百萬金鎊，而在併合通訊社以外之用度，尚不在此數之內。

與路透社訂有合同而組成世界通訊社聯合會者，包括有下列各通訊社，即：美國的合衆通訊社，法國的哈瓦斯通訊社，德國的華夫通訊社，意大利的司丹法通訊社，西班牙的非比拉通訊社，比利時的比利時電報通訊社 (Agence Telegraphique Belge) 荷蘭的荷蘭電報通訊社 (Nederlandsch Telegraaf Agentschap) 丹麥的 Ritzau Bureau 瑞典的 Tidningarnaf Telegrambyra Aktiebola 哪威的 Norsk Telegrambureau 瑞士的瑞士電報通訊社 (Agence Telegraphique Suisse) 布拉格 (Prague) 的 CZechoslovak Press Bureau 塞比亞的 Yugo Slav Press Bureau 華沙 (Warsaw) 的波蘭電報通訊社 (Polish Telegraph Agency) 保加利亞的保加利亞電報通訊社 (Agence Telegraphique Bulgares) 希臘的雅典通訊社 (Agence d' Athenes) 羅馬尼亞的東方無線電報通訊社 (Agence Oriedt-Radio) 俄國，

訊社 (Rosta Agency) 土耳其的安拉多利通訊社 (Agence Anatolie) 此外如拉德維亞電報通訊社 (Latvi[illegible]aph Agency) 愛沙尼亞電報通訊社 (Esthonian Telegraph Agency) 立德斯尼澳電報通訊 (Lithusnian Agency) 等。在英國之內，路透社與英國新聞界聯合會有極密切的關係，在過去六十年中，兩方訂有長期不斷的合同，由新聞界聯合會路透社的新聞傳佈於國內各省，而新聞界聯合會的國外特約通訊，也完全是路透社由所供給的。倫敦各報紙的新聞，是直接由路透社所供給的。

路透社在中國的活動，可溯源於一八七〇年之時。一九三一年三月十一日份的上海字林西報，曾經把一八七一年三月十一日份該報的一篇文章重印出來，論到歐亞電報交通的演進。文內述及當時該報的主筆曾接得路透社駐滬經理的一個通啓，宣言該社擬接收各方新聞消息，先由郵訊達新加坡；再以有線電報轉達倫敦。通啓內幷述及由新加坡至香港擬設置之電線之第一段，已最近由掃桑波敦 (Southampton) 幷橫過西伯利亞已設一電線，以達於海參崴附近之波西灣 (Possiet Bay) 再沿海邊設置電線，俾海參崴與上海相通。此外，通啓者幷述及有某格蘭特君 (C. M. Grant) 者，許久做了貢獻很大的事，便是在上海搜集新聞電報，由海路寄往天津，再經過很遠很危險的陸路，由天津送往西伯利亞哈克圖之大北電報公司電報局，再用電報轉達歐洲。這所花的經濟時間雖然不少，但當時（約一八七〇年時）經過二千英里的長途，將電訊送達歐洲，較比藉賴由蘇彝士河經過每月一次的歐亞航程，減少了若干時日，這確是一件值得努力的事。但是至於今日，便大大的不同了。現今由上海至倫敦的電報，祗要兩分鐘便可以達到了；同時無線電報，也進展得很快。

當一八七二年叩林斯氏 (Henry W. Collins) 在上海組織遠東路透分社時，即上海到吳淞的電線，還沒有設置。數年之後，此兩處的電線設置了，但一般人將牠搗毀了，因為他們相信電線防害了空中的鬼神。

俄國爲充分利用伯西利亞的陸地電線起見，將電訊擴充至日本，於是授權與丹俄電報公司及哪英電報公司合併組織之大北電報公司（Great Northern Telegraph Co.）設置海底電線，以聯絡海參崴與長崎，長崎與上海，上海與香港（經過廈門）。

一八九九年秋間，中國發生義和團之役，於是英國之電報公司計劃將已設置到吳淞的電線，再向北方擴張。英國政府與大東電報公司接洽，由烟台至威海衞設置海底電線，但該公司答以中國電報局已商請該公司將電線擴充至煙台與大沽，而雙方已訂立合同，由上海經過煙台至大沽設置電線，完全在兩方管理之下，并循英俄德政府之商請，由煙台至威海衞，煙台至旅順，煙台至膠州，均設置支線。

在一九〇二年一九〇三年一九〇六年，太平洋商務電報公司橫過太平洋設置海底電線。在一九〇五年，由荷蘭及德國政府的津貼，俾中國與荷屬東印度之電線及太平洋商務電報公司在瓜汗（Guan）所設置之電線相連接。

中國電報局開辦於一八八一年十二月二十四日，當上海至天津之電報初次正式收發時。在此之前，由上海至吳淞以及由天津至大沽，已設置有短距離電線，在中外聯合管理之下。至一八八二年，乃將電線由上海擴充至長江上游，最初是鎮江與南京，一八八四年擴張至漢口。此外，另有商辦之 Wahap Co.（創辦於一八八二年五月）於一八八四年由廣州至九龍而至香港設置電線。一八八四年八月，北平至天津之電報成功。一八八四年十月，由政府之津貼，上海至廣州之電報成功，同時上海至天津之電線擴張至山海關及保定府，并由濟南府至煙台和青島設立支線。一八九七年，由哈克圖經過蒙古至北平之電電線成功，於是中國與歐洲之電報相通矣。

路透社在華的發展，與中國電報建設的發展，同時并進。在數年之內，路透社在中國各重要電報中心點，均有上海漢口南京天津北平廣州香港瀋陽威海衛煙台成都雲南府青島福州等處。據路透社總理鍾斯氏所云，他七年[illegible]職務。南華時，曾聽見當時內閣總理顏惠慶氏談及他所派定編修中國歷史的國史館館長，對於清代末季[illegible]年國[illegible]府的[illegible]完全有賴於路透社所發出的消息，而北京政府的文書保存所曾經把四十年來路透社的一切電訊完全保存，由此可見中國對於路透社之信賴了。

在鍾斯氏到上海之前不久，上海的棉業交易所（遠東方面最重要的棉業交易所）曾經有一整天停止交易，因為當日海底電線破斷，路透社關於棉市的電訊未到上海。在當日二十四小時之內，各棉商均不願交易，因為沒有核對的標準價格。在過去四五十年中，近東遠東各處賴以傳達消息的，路透社可說是惟一的機關，即以近年而論，路透社至少是最有勢力的通訊機關。

關於路透社的商業消息，可溯源於約一百年之前，路透男爵（Baron Julius de Reuter）初在倫敦組織會社時，對於倫敦證券交易所及其他金融機關，專門傳播關於金融市價的消息。他這樣經營了數年之後，然後才轉換方向，努力於供給新聞報紙的消息，於是在當時電報電話以及無線電尚未發明之時，即已立定了現今世界聞名的路透社的基礎。

在十九世紀之中葉時，遠洋國際電報的價格非常之高，祇有極富足的機關，才有利用電報的能力；而當時的路透商業通訊社，是一個規模很大而對於市價本身無利害關係的機關，為各商業金融機關所歡迎，所以與世界各國電報的進步同時而發展。

大東電報公司的海底電線伸張至上海時，於是路透社也隨之在上海有立足地了。在十二小時之內，倫敦的銀價和證券交易，利物浦紐約和新奧爾良（New Orleans）等處的棉價，倫敦里昂紐約的絲價，以及世界各重要地點五金的價格便可傳達至香港上海及遠東各重要商埠了。各訂閱者所需要的商業消息愈多，路透社所增加的消息也就愈多。

剛在歐戰之後，路透社爲使中國商家對於戰後世界市價忽起忽跌消息靈通起見，於是大大的擴充，而大家都覺得世界各國商業和市場彼此的關係，較比從前要密切多了。路透社擴充之後，於是上海對於前一日在倫敦，利物浦，紐約，支加哥，溫尼伯（Winnipeg）新奧爾良，孟買，加爾各答，新加坡，爪哇，日本等處的種種商業消息，都了然無遺；而上述這些地點，不過是略舉比較重要的而已。

此外，路透社爲應上海之需要起見，不但傳達關於世界各地市場消息，而且最近設有 Creed Ticker Service 將上海本埠的金標，國外匯兌，證券，股票，棉市等，迅速傳達於本埠各商業機關。

遠東方面路透分社的總經理是登雷氏（Mr. William Turner 譯音），他任職已有十一年之久。他對於路透社所負責的區域，是日本，中國，香港，馬來半島及巴達維亞。登氏於十六年之前在倫敦路透總社編輯部任職，一年之後，爲該社英屬殖民部主任，指揮澳大利亞，坎拿大，南非洲，以及遠東等處的新聞。在歐戰後半的時期，他那一部的工作更加重要，因爲對於英屬各殖民地傳達特別帝國消息。其中有一部分是由英政府特約發出的。登氏在歐戰時曾經兩次加入英國的軍隊，但是政府覺得他在新聞上的工作更爲重要，所以免他在軍隊裏服務。路透社派他到巴黎參加和會。關於此次和會，他有一件很值得注意的事，便是他以路透社的名義，通告英國全國以及世界各處，說德國已經簽了和約。但是直到當日發電凡爾賽開和會時爲止，各方對於德國是否願意簽字，還沒有把握；所以登氏傳出這項消息，關係便很重要。世界各國既已知道了，於是德國不得不簽字了。

路透社此次傳遞消息之所以能佔優先地位者，因爲在凡爾賽與倫敦之間有許多記者的努力和電話安置此外，登氏也在巴黎從各方接洽爲路透社編了一個相約的綱要，傳達於世界各處（北美洲在外）。這個綱目，共有[illegible]字之多。協約國將條約向德國提出以及德國在凡爾賽簽約的時候，登氏都親身在場。

一九二○年英國新聞界聯合大會在堪拿大舉行的時候，登氏爲英倫三島代表之一；一九二五年在新金山開會的時候也是代表之一。一九二九年在日本西京舉行太平洋會議的時候，登氏爲英國代表之一。

現在中國最老而最有勢力的英國報紙，要算是字林西報（North China Daily News）這是無人可否認的。報創辦於一八六四年，該報的星期週刊（North China Herald）是創辦於一八五○年。該報發行於中國最繁盛的上海，該埠人口達三百餘萬，世界各種國籍都有。上海的重要區域，可說是公共租界和法租界。在這區域裏最重要的文字大半是英文，凡外國人在社會和商業生活上，一切語言文字都少不了要用英文。而且上海有許多中國的士女，或在本國，或在英美都學習過英文的。因此字林西報雖是一個外國報紙，而在一九三一年二月間每日平均的銷數，除奉送或作爲憑單者外，達七千八百十七份，這實在是意中可能的事。該報在上海的銷數是六千六百六十三份，外埠的銷數是一千一百五十四份。這個將近八千的銷數，實在是一個很大的數目，因爲卽以中央日報而論，雖然是國民政府的機關報，而且在首都發行，以現錢訂閱的銷數，還不過一萬份而已。

字林西報在中國的勢力非常之大，這是無可諱言的。訂閱該報的大都是商人，或是受過高等教育的華人閱讀該報的，也是受過高等教育上等社會的。簡言之，字林西報讀者的平均教育程度，較比中外任何普通流行報紙的讀者，都要高些。

字林西報通信欄所發表的通信，較比中國其他任何報紙都要豐富些。他們訂閱了許多大通訊社的通訊稿，如英國的，美國的，法國的，德國的，意大利的；此外，他們自己還有特約的通訊。他們對於世界的大問題，搜集各名家的評論，而他們所載的體青遊戲欄的新聞材料是很豐富的。他們外埠的訊通，也是該報一種特點。而且這種外埠的通訊，常常對於許多比較重要的事件，有詳細的繼續不斷的敍述。該報的經濟新聞，有專門負責的編輯，有倫敦紐約發來的充分的電報和通訊。

字林西報因感於上海讀者需要美國之消息日益增多，於是自一九三〇年起每月以規銀一千兩之代價專門購買美國聯合通訊社關於美國的新聞。

字林西報雖然很能迎合一般在華外人的心理，但與中國政府每每是水火不相容的。該報北平記者吉爾伯氏（Rodney Gilbert 譯音）和新聞編輯蘇葛某氏（George E. Sokolsky 譯音）有許多反華的文章，以至一九二九年國民政府訓令郵局對於字林西報不許遞送。吉爾伯氏之所以出名，一則是因為他寫了一部中國之亂源"What's Wrong with China"一則是因為一九二八年夏季時他發了一個電報到上海，說吳佩孚領着大隊人馬向北平進攻，而實則當時吳佩孚是在四川閉門研究佛學。他的所謂大隊人馬，不過是二十個衛兵而已。他寫了中國之亂源之後不久，另有一個記者也寫了一部中國之國是"What's Rightwith China"兩相對峙。吉氏從前本來是舊金山晨鐘報（Morning Call）一個記者。後來他到檀香山，又到橫濱，輾轉而到上海，但那時他在新聞界找不着工作。傳說當時在上海過着打流的生活，太無聊賴，於是由上海徒步走到北平，沿途以賣丸藥為生，同時學習中國的語言，得知內地的許多風俗人情，因而後來便在字林西報發表了一些文章。現在字林西報的主筆是哈維德氏（Edwin Haward）

自哈氏任字林西報的主筆之後，對於中國政府，便不像從前那樣敵視了。該報的新態度，是對於南京政府的建設計劃表示同情，而這種態度每引起該報一部分讀者的批評。在該報近來發表的一個社論中，哈氏頗希[illegible]公使[illegible]（Bu[illegible]races）希外交部長王正廷氏，能夠雙方得到一種彼此滿意的協定，對於英人在華歷來所享受的治外法權，早日廢除。但是該信中有一封信却以為『對於可尊敬的貴報過去所發表的這些言論，深為惋惜。』另有一個讀者，對於這種反華的諷刺的論調駁斥之：

我們的編輯先生，終夜忙碌着，
絞盡腦汁，編撰社論，
為的是：反對治外法權；

英人在天津所辦的，有京津泰晤士報 (Peking and Tientsin Times)。最近有一個美國人，從前曾經做過新聞記者，批評此報為『外人在華北的聖經。』

現在京津泰晤士報的所有者，為天津印刷公司 (Tientsin Preas, Ltd.) 該公司於一八九四年收買天津中國時報週刊 (China Times 譯意) 的印刷所，同時又另收買一傳週刊，即京津泰晤士報。該報數年後改為日刊。

中國時報是天津第一個外國報紙，發刊於一八八六年十一月。該報主筆梅基先生 (Mr. Alexander Michie)，是在華外國報紙中最有才能的一位編輯先生。他著了好幾本書，頗風行一時，其中有一部是在華之英人(The Englishman in China 分上下二冊)。他所寫的社評精當確鑿，正如雷穆生氏 (Rasmussen) 所著天津小史中所批評的：『中國時報的社評，斐然合度，立論公允精當，雖然篇幅有限，但可說是遠東方面最好的報紙之一。』有許多專門研究中國的外人，常常在該報發表文章，如 W. A. P. Martin, Mrs. Paul King, John Innocent, Dr. Arthur Smith, Dr. Timothy Richard, Sir John Jordon, Dr, Charles G. Tenney, J. O. P. Bland, Dr, Caudlin 等。該報同時又發刊一個華文報紙，名為時報，是天津第一個華文報紙，李提摩太氏 (Timothy Richard) 任該報主筆凡兩年。中國時報把時報上許多關於中國的新聞，上諭及其他普通息消，由中文譯成英文，這也就是中國時報的特點。一八九一年梅基氏退休，於是中國時報停辦，但該報印刷所為另一公司所收買，該公司於一八九四年創辦京津泰晤士報。

歐戰爆發不久以後，京津泰晤士報由吳德輝氏（H. G. W. Woodhead 譯音）編輯，當時勢力頗大。他對於中外許多問題，都有很強烈的主張，恢復了從前該報社論的那種光榮。一九三〇年十月吳氏辭職，由彭賴爾氏（Wilfred Pennell）繼任。在吳氏担任編輯的十六年之中，彭氏担任副編輯凡十四年之久。彭氏原是一九一二年由英國到遠東來，加入香港德臣報（Daily Press）編緝部的。

彭氏評論外人在華所辦的報紙，特別是京津泰晤士報的編輯政策，有左列一段話：

> 外人在華所辦的新聞事業，特別是英國報紙，實在是西方很大的一種力量，使中國改造為新的國家，使中國加入世界政治經濟的活動中。他們的政策，也有建設的，也有破壞的，與中國的革命運動隨起隨伏。這些報紙對於每日的時事，是以討論的態度，而不是以歷史的態度，不過同時在有意或無意中，總是以革新中國為目標。所評論雖然有時或許使人難堪，但總是很有價值的，特別當時中國的報紙尚在幼稚時代，對於西方所帶來的種種變革，還未能十分認清其意義。他們一方面要保持現狀的穩定和平，一方面要達到根本改造變革的最後目的。不過在日報中，這或許是不可免的。大概而論，他們對於種種好的現象是擁護的，對於淺腐的反動的成分是反對的。自始至終，他們主要的使命是把西方的文化介紹於中國，并應用西方批評的標準，激動中國根本之革變。他們現在的使命還是如此，雖則他們現在不及從前那樣自由，但是以他們的地位發表意見，還是較比中國報紙要有力些，果敢些。

京津泰晤士報的成績頗難一一列舉，不過左列各點是我們可以注意的：

一　對於日本無理的二十一條，極力反對。

二　繼續登出中國之改造論文若干篇，其立論爲以平等的基礎，使中國改進爲新式的國家。

三　對於山東問題，爲中國辯護。

四　長期反對鴉片在中國之禍售，一九一九年時將華北各處經售鴉片商人的名單刊發，以致引起國際的注意。

五　發表若干論文，主張取消英日同盟。

六　反對外國供給中國軍械，反對於一切殘暴及不公正之行爲（有許多受害者是中國人）反對督軍與軍閥，反對以武力爲解決內爭之方法——此種紛爭是促成自殺的，是爲過激派造機會的。

該報確實的銷數，尚未得知，不過牠實際上的勢力，是遠超過於所銷行數目的。許多讀者，是有名望的中國人。揚子江以北任何偏僻的地方，都有該報的踪跡，外埠的銷數，與該報全體銷數的比例，是國內任何外國報紙所不及的。

該報的廣告很多，其中有許多外國商品的廣告，特別是英美的，此外還有輪船公司，銀行，及其他本地之商業等。

英國在華開辦最早的報紙，還要是香港的孖剌報 (China Mail) 該報創辦於一八四五年——在香港割讓於英國四年之後，凡七年之久，該報可說是當地政府之機關報，不過當時僅爲週刊。雖然如此，該報對於香港的政府還是放胆的批評，所以到一八五三年時香港政府便自行創辦香港政府公報 (Hongkong Government Gazette) 至今還是每週發刊一次。德臣報 (Daily Press) 是一個早報，創刊於一八五三年，是香港第一個日報。其後不久，孖剌報也改爲日報。香港電報 (Hongkong Telegraph) 是一個晚報，創辦於一八八一年，後來史密斯氏 (Robert Frazer Smith) 是香港歷來最有胆量的編輯，担任主筆，該報便有很大的勢力。南華晨報 (South China Morning Post 譯意) 是創辦於一九〇三年。香港星期週刊 (Hongkong Sunday Herald 譯意），創辦於一九二四年，與孖剌報是聯合出版的。孖剌報和德臣報都是有星期週刊的。香港的報紙現在已經到了平穩的時代，但是從前曾經有過洪濤大浪的。從前許多主筆發過很烈激的言論，因而屢次忍受過鐵窗風味。

英國在華的新聞記者，曾經引起過中英兩國之外交交涉的，恐怕祇有辛博森氏（Lenox Simpson）。辛氏所署的別名，叫做維爾（Putnam Weale）。他是一個生在中國的英國人，從前在北平辦過東方時報（Far Eastern Times）。辛氏也曾經做過張作霖的顧問。他著了許多關於中國政治風俗人情的書，有時他也寫小說。他利用他在官場的地位，搜集許多材料，寫了一部中國與紅禍（When China Sees Red），出版時正是加拉罕在北平任俄國公使的時候。去年辛氏替閻錫山攫奪天津的海關，趕走國民政府所派海關監督。當時國民政府外交部向英國公使抗議，要求驅逐辛氏出境。英國公使拒絕要求，於是國民政府下令通緝辛氏。等到北方平復之後，天津海關還是一個複雜的問題。辛氏往瀋陽與張學良疏通，當時謠傳張氏請求政府保留辛氏在天津之位置。最後於去年十月辛氏人為刺殺，於是他一生冒險的生活，便告終止了。

遠東時報於一九二三年發刊於北平。這是一個中英對照的報紙，頗風行一時，與北京導報（Peking Leader）和北京每日新聞（Peking Daily News）譯意）競爭頗烈。一九二八年奉軍為革命軍所敗之後，於是停刊。該報中文主筆是某宋氏，他在一九二一年時曾經辦過北平差報（Peking Express 譯意），專為學生閱讀。數年之後，宋氏因有共黨嫌疑，在廣州被捕鎗決。

上海泰晤士報的主筆是馬爾利氏（Alfred Marley 譯音），他從前曾任職香港電報和南華晨報。在華人方面，許多人都相信泰晤士報是在上海日人資本家的勢力之下。不過這種傳說或許是無根據的。該報現任新主筆馬氏在過去（[illegible]ares）希大半在香港。他所受的新聞學訓練，是由於常常閱讀英國出版的 Mercury，這是英國很老的一個週刊，一九一五香港担任香港電報的記者。歐戰之後，陞任香港電報的經理，其後喜克斯 (H. Hicks 譯音)辭職之後，代理編輯之職務，晨報和香港電報合併之後，馬氏前後屢次担任兩報的主筆以及副經理之職。

英國有許多報紙，在華有特派記者。Nes-Chronicle 有 Mrs. L. T. Beddow，Daily Telegraph 有 Gearge Gorman 和 Mr. Finch，Morning Post 和 Daily Mail 有 L. Impey，Manchester Guardian，Melbourne Herald 和 Sydney Sun 有 H. J. Timperley，The Times 有 David Frdzr 和 C. M. McDonald。

金融與商業 (Finance & Commerce 譯意) 是一個很負責而編得很好的金融商業週刊。裏面所載的材料很好，商業金融界無不聞名，特別是在中國。在中外的訂閱者，一天增多一天。該週刊的理事是 W. Turner (理事會會長) F. R. Davery，V. Meyer E. Kann 和 W. J. Hawkings。主筆是 O. T. Breakspear，從前曾任香港德臣報主筆。

歐亞航空的成立，使歐亞兩洲的交通更加進步了。

在過去四年中德國航空公司屢次與中國政府交涉，計劃在中國與歐洲各重要都市之間成立航空線。至一九三一年二月，雙方正式簽訂歐亞航空合同，組織中德歐亞航空公司，中國交通部次長韋以黻氏被選爲該公司之理事長，史米德氏 (Herr Schmidt) 則代表德國航空公司爲機航主任。當時先購 Yunkers 式飛機四架運至中國專爲歐亞航空之用。一九三一年三月，由上海至滿洲里舉行試飛。由南京直接至柏林的航空線現今尚未能成立，因爲由滿洲里至伊爾庫次克之航空線，尚未能與蘇俄政府商洽完成。現在俄國政府的航空線，還祇由莫斯哥至伊爾庫次克。俄國必須將航空線由伊爾庫次克伸長至滿洲里，與歐亞航空公司之航線相銜接，而後南京直接至柏林之航線可以成立。

由南京至滿洲里之空中航程，須二十四小時。由上海至歐洲任何都市的信件，一星期可以達到。字林西報主筆哈維德氏在四月二十四日由上海發出的信，於五月九日刊載於倫敦泰晤士報。這封信的第一句話是：『你所接的這封信，是歐亞航空第一次發出的信』。

不到兩星期的工夫，這封信便由上海到了倫敦。而且我們要知道現在還是試航的時期，滿洲里與伊爾庫次克的航線尚未連接起來。

四、美國在華的新聞事業

在最近過去的數月中，美國在華的新聞事業有長足的進展，將近有爭奪英國在華報紙及通訊社優勝地位之勢。這種競爭，在上海尤為激烈，譬如美國聯合通訊社在華所做的工作，超過了他所獲得的贏利，其目的就是要爭得英國路透社壟斷的地位。文匯報 (Shanghai Mercury) 本是上海最老的英國晚報，但最近為美國的大美晚報 (Shanghai Evening Post) 所收買了。

文匯報為大美晚報所收買之後，於是外人在上海所辦的晚報中，大美晚報享有獨佔的地位了。大美晚報發行的歷史，可以追源到上海通信 (Shanghai News Letter) 譯意。上海通信恐怕是沿海各埠創辦的第一個外國報紙，同時也或許是第一個美國報紙。

上海通信創辦於一八六七年至一八六九年即停刊，轉賣於上海差報 (Shanghai Courier 譯意)。上海通信是兩個美國人創辦的，即桑恩 (John Thorne) 譯音) 和溫伯利 (Twombly 譯音)。桑恩初到華時，為威爾斯公司 (Wells, Fargo & Co.) 經理，在上海和廣州兩處經營了好幾年。關於溫伯利在華的活動，我們不甚明瞭，不過他回到[illegible]之後，因 ([illegible]ares) 希 (Moody) 編輯一部聖詩而著名。上海通信原來的計劃，是想在每月第十五日出版，專載商船運輸的消息，但是實

國的商船到岸數日之後卽出版一次所以每次載着美國人來華的名單

上海通信既是每次船到後，出版一次，所以出版的日期是不規則的。有時一月出三次，有時又兩月出一次。該底的乘个客人的名單之外，還記載一些抵岸的美國捕鯨船的故事。因爲那時上海也進口鯨魚。上海通信爲上海差報所收買之後，後來上海差報又爲文匯報所合併了。

至於大美晚報，從前有一時期叫做晚報 (Evening News 譯意)，而晚報又是繼承一九一八年陳友仁氏所辦的上海鈔報 (Shanghai Gazette 譯意)。陳氏在武漢時爲國民政府外交部長，一九二六年他所辦的革命外交，頗轟動一時。上海鈔報是孫中山先生爲宣傳革命在中國各大城市所辦的英文報紙之一。

大美晚報在華人和外人手中經過了許多物主，直到一九二八年四月時，才爲 American Newspaper Company 所收買。『該公司的目的，是經營一個獨立的報紙，不替任何人作宣傳的工具，祇傳達正確的消息；如有何意見，都在社評裏發表。』(American Asiatic Underwriters 的施達氏 (C. V. Starr 譯音) 是 American Newspaper Co. 的理事長，不過他與大美晚報的關係是不甚密切的。他聘請戴克禮氏 (T. O. Thackorey 譯音) 爲主筆和經理，於是把經營報紙的責任完全付託與戴氏了。

按照戴氏的編輯方針，『大美晚報對於純粹中國的事是不干預的，而同時對於此種事實用客觀公正的態度介紹與外人。大美晚報的目的，是增進東方與西方的了解與友誼，在可能範圍內設法使彼此明瞭。

『大美晚報的觀點是容忍的，公允的，但對於中美有關的事是立論堅強的，對於兩國之中防害友誼的阻礙或虛僞，都竭力設法打破，對於任何眞實大胆無畏毫無偏私的公佈，凡與自己所見完全不同的，也能夠容忍。

『凡讀者對於每一問題或與本埠公共利益有關的問題，發表任何合理的意見，無論與本報所見者相同或相違，本報都是一律歡迎的。』

『本報在中國是居於賓客的地位，所以一切行動好像客人一樣。本報對於正義公理是維護的，對於無關緊要的事，是不好多言的。』

大美晚報除登載聯合通訊社，國民新聞社，Transocean News Agency 及其他通訊社的消息外，還有三面整的專載經濟新聞。吳德海氏 (Woolhead) 專有一欄評論，標題曰：『一人評論』(One man's Comment for to-day)。吳氏之與大美晚報發生關係，有一段有趣的歷史。在文匯報尚未停刊之先，傳聞美靈登廣告公司 (Messrs. Millington Ltd.) 擬收買該報。該公司并有其他英國金融機關擬收買該報後，請前京津泰晤士報主筆吳德輝氏為編輯。American Newspaper Co. 得聞此訊後，即時將文匯報收買，并請吳氏編撰評論。一九三一年三月，吳氏在評論欄中將國內買賣鴉片的詳情，逐日詳細登載，以致引起了上海一般人之注意。吳氏將國內各省買賣鴉片的材料搜羅，再選擇凡與上海有關的，將上海買賣鴉片的名單宣佈出來。吳氏證明鴉片可以在上海買着，上海有無數大包鴉片的交易。吳氏本來是外人反華派的一個首領，為國人所厭惡，所以有許多華商公司不願在大美晚報刊登廣告，因為恐怕有人疑心他們是反對南京政府的。

大美晚報還有一個評論欄的華人編輯，名杜中樞，是美國留學生，該欄標題為：『一個中國人的見解』(As a Chinese Sees It) 每日對於有關於中國的事加以評論。此外，關於體育，戲劇，婦女，船期等都有專欄。關於助興的方面，有李伯萊氏 (Ripley) 的 Believeit or not 畫和 Skippy 漫畫。於建築，每週有一個特刊，記載上海建築業之進展。

大美晚報收買晚報時，每日銷數僅三百份，但是換了一班新人經營之後，經過兩年的時期，使在國內英文晚報中佔主要的地位，併合了文匯報，銷數約四千，而最近增到四千八百餘份。報紙的定價，本埠每年是十五元，外埠二十元，國外四十元。銷行的區域大半是限於上海市，公共租界，法租界和大上海。四千讀者之中，有百分之九十是在這些區域的，該報銷數散布於各上海，但南京讀者也不少，此外南及於香港，北及於瀋陽。

大美晚報現任主筆戴克禮氏 (T. O. Thackery 譯音) 前爲美國斯克利何維德報 (Scripps-Howard Newspapers) 編輯主任，於一九三〇年九月任職大美晚報。總編輯是梅野氏 (A. L. Meyer)，他是一個生於中國的德國人。婦女欄編輯是米勒女士 (Miss Barbara Miller 譯音)，他曾經在美國報界有許多經驗。

在一九三〇年中，大美晚報所增加的廣告，以直行之長度計算，有一〇四七三二英寸之長。一九三一年一月中與一九三〇年同月相比較，增加至一四五〇二英寸之多。

大美晚報在今日的地位，是很樂觀的。牠現在是上海英文報中惟一的晚報，而且在上海各外國報紙中居於第二的地位。不過美國在上海報業的地位，雖然在晚報中有進展，然而同時從前美國惟一在上海的早報，却沒有了。從前美國在上海所辦的大陸報 (China Press)，於一九三一年二月賣與華商，傳聞賣價是規銀二十六萬兩。

大陸報於一九一一年發刊於上海，正當中國革命之時。該報第一任編輯是密勒氏 (Thomas F. Millard)，是在遠東著名的一個美國記者，現任國民政府顧問。該報本是一個美國的報紙，編輯和職員都是美國人，大都是日本檀香山，和美國聘請來的。

繼任密勒爲編輯的，爲韋伯氏 (Herbert Webb)，從前曾在得克薩斯 (Toxas) 和紐約做事，在當日大家都認爲是中國最有才幹的報界領袖。韋伯之後繼任的，是鮑威爾氏 (J. B. Powell)，他對於上海本埠有些問題，曾經與工部局意見不合，堅持不讓頗聞名一時。鮑氏之後，是拉非爾氏 (Charles Laval 譯音)他從前是在舊金山時報 (San Francisco Chronicle) 做事的。拉氏在大陸報有一個老同事很有經驗學識的名何格氏 (Charles Edward Hogue) 譯音，從前曾在亞利桑那 (Arizond) 勞斯安極立司 (Los Angeles)，以及舊金山等處做事。韋伯氏曾經這樣說過：他所認識的朋友之中，能在談笑時立時睡覺的，祇有何格氏。何氏不能安於上海的生活，到東京住了幾個月，最後逗留於檀香山，在當地政界活動。現今他在夏威夷自己辦一個報名星期新聞 (This Week)。

一九一八年大陸報轉賣於伊茲拉氏 (Edward Ezra 譯音) —— 上海很富的一個鴉片商。伊氏死後，由她的夫人負責，她委託她的兩個兄弟亞瑟和齊亞多 (Arthur and Theodore Sopher ……) 經營。至一九三〇年秋間，大陸報乃由伊氏轉賣於華商之手。

新近收買大陸報的主人雖然尚未公開出來，但照天津庸報的主辦人和編輯，并現任大陸報總編輯董光顯氏所宣佈的，大陸報現今共有理事八人，華人外人各四。各理事的名單如左：

何爾公 (Major Chauncey P. Holcomb 譯音) 上海著名的美國律師，從前曾任大陸報法律顧問。

鄧乃德 (W. H. Donald 譯音) 曾任張學良氏顧問，并紐約捷報 (New York Herald) 駐華記者，對於大陸報之改組，頗有不少之貢獻。

芬德雷 (Dr. William T. Findley 譯音) 住上海之美國聞人，為眼科專家。

馬爾希 (Dr. E. L. Marsh 譯音) 上海著名醫師。

張竹平申報館經理。

潘志銓怡和公司華經理。

楊渭賓上海著名商家。

董顯光華北報界著名領袖。

何爾公氏爲理事會會長。

關於大陸報的實際經營委託於董顯光氏；他對於大陸報的評論負指導之責，并根據於美國辦報的原則，使該報成爲一有生氣的報紙。舊公司仍在美國德拉瓦省 (State of Delaware) 立案。新公司現在擬在上海租界建築新館址，分設各部。

大陸報除採用路透，國民及 Transocean 諸通訊的消息外，并有專載申時電報通訊社的消息之權利。申時電報通訊社是最近由申報和時事新報合作組織成功的。該通訊社現在的計劃，是不擬在國內傳遞消息。該社的組織，是時事新報由國內各地通訊員寄來的消息，轉達於馬來半島，南海羣島，菲列濱羣島，新加坡，舊金山，及其他處華僑所辦的重要華文報紙。

左列一段社論，是宣佈大陸報編輯政策的（載大陸報一九三一年三月十二日份）：

左列各項原則，是本報輯編的政策。今日本報特刊首頁上的評論，對於這些原則的應用，更有詳細的解釋：

一　關於國際問題，與中國僅有通普關係而無特殊關係的，本報以公平和相互了解的精神，主張和平調解。

二　關於中外關係的事件，本報主張以友誼合作，并互相了解的精神，使中國的理想得以早日實現。

三　鼓勵中外的商業，金融，文化，及其他互有利益的關係；并主張以中外共同合作的方法，達到此種目的。

四　關於上海本埠有國際性質的問題，本報主張以公共利益和彼此誠意合作爲準標，以增進上海大多數人的福利。

五　關於中國政治問題，不偏袒任何黨派，但在必要時，對於某種計劃或政策的本身，加以建設的批評，以謀全民之福利。

六　關於勞資問題，主張對於雙方都以公允的態度。

七　對於個人，不加臧否。

現在大陸報的政策，是想多載關於中國的消息，與字林西報爭競，因為字林西報以高價買得路透社和聯合通訊社關於中國消息登載的專利。

華北有兩個美國紙報，即天津之華北明星報 (North China Star) 和北平之北京導報 (Peking Leader)，但是現今仍在美人手的，僅有華北明星報了。

華北明星報是一個美國公司所辦的，在天津美國總領事處立案。該報股本為美金六萬元，其中有五分之三是華克斯氏 (Dr. Charles J. Fox 譯音)。華氏是天津一個著名的律師，同時也是華北明星報的主筆。該報館址在法租界 78 Rue Pasteur，每日銷數有三千份。對於政治的黨派沒有關係，對於中國人民的求進展是取友誼的態度。除登載地方新聞外，并採用路透，聯合，及亞洲通訊社 (Asiatic News Agency) 的國內及國際新聞。蘇俄的達斯通訊社 (Tass News Agency) 也時常送有消息；有些并非為蘇俄宣傳的，便登載出來。

華北的兩個美國報紙，大概是與國民黨的主義多少表同情的，但是很可怪的，外國報紙第一次為國民黨所禁止的，便是華北明星報。一九二八年國民黨中央黨部宣傳部，命令郵政局不許替華北明星傳遞報紙。致南京政府忽然取這種斷然的手段，所以即刻電詢南京的朋友，究竟係何緣故。後來得答覆，始知下禁的原因是因為聯合通訊社駐平記者培斯氏(D. C. Bess譯音)在該報發表了一篇文章，預言在一九二九年春北方軍閥與南京政府的戰爭是不可免的。後來華氏和聯合通訊社因爲發出這篇文章幷在華北明星刊登正式向南京政府外交部道歉於是政府的禁令乃取消。

美國在華北所辦的北京導報，是一九二〇年時幾個中國人所創辦的。當時是『研究系』得勢的時候，該系領袖梁啓超氏當時任財政部長。刁敏謙氏被聘爲主筆，刁氏曾經著了好幾年關於國際關係的書，現任外交部情報司長。一九二五年北京政局變更，於是該報改組，美國斯聞記者克拉格氏(Grover Clark譯音)被選爲主筆幷理事長。但是華北的外人很少，而且戰後華北的商業衰微，所以該報總是在經濟困難中。

一九二八年中國的首都由北平遷至南京後，北京導報便不能繼續出版了。於是克拉格氏親自到南京與政府交涉，由政府收買該報改組後刁作謙氏被任爲新公司之總經理。刁氏原在外交部任職，在北平時爲著名之網球明星。日李炳瑞氏被任爲主筆。李氏生於北美堪拿大，幷在堪拿大受教育，回國後任職國民黨中央宣傳部。一九三〇年閻錫山馮玉祥反對中央時，閻馮將該報收辦，但北方崩潰後，仍歸還中央政府。美人之放棄北京導報，頗爲華北一般中外人士所惋惜。如克拉格氏這樣所辦的報，實在很少。他的社論總是精闢有力的。他那種自由公開的態度，使他個人的人格，無不爲東交民巷使館區所尊敬。一九二七年他反對美國借欵發展南滿鐵路，以及一九二八年他極力攻擊日人在濟南之橫行，致日本屢次提出抗議。甚至有許多日商公司因其不改變其言論政策，不在該報刊登廣告。一九二八年國民革命軍迫近北平時，使館區一時謠傳南方之共產軍隊到時，一九〇〇年義和團之暴動，恐重演於北平。因此各國政府令各國僑民集中於北平各地點，於緊急時由各國軍隊送護到使館區。各公使幷擬將各國海軍陸戰隊駐扎各僑民商店住所，俾僑民有充分的保護。當時克拉格氏以直率的態度，勸告美國公使對於美僑無須這樣的保護，他自己很相信中國的法律能夠保障他的安全。該報如果與華商發生爭執時，情願控訴於中國的法庭，不願享受治外法權，致頗為美國公使所不悅。

克氏或許也有弱點，但是他那種獨立勇敢的見解，無所顧忌的發表出來，對於一般人能發生實際的影響。

美國在遠東資格最老的週刊，要算密勒氏評論報。該報於一九一七年時為密勒氏（Dr. Thomas F. Millard）所創辦。日俄戰爭時密氏任紐約捷報（New York Herald）遠東記者；一九一一年時，密氏亦曾協助創辦大陸報。密勒氏評論報從前英文原名 Millard's Review。密氏創辦該報的目的，是想將遠東局勢的發展，使本國明瞭，同時使西方的發展。使東方明瞭，密氏對於這種目的，很算是成功，不過創辦兩年後密氏自己退休，鮑威爾氏（J. B. Powell）繼任辦理。

關於密勒氏評論報之編輯政策，威爾氏宣言：『本報歷來主張中國為獨立自主之國家，而不為西歐或東瀛之附屬品。這種主張，與美國政府對於中國之一貫，也是一致的。美國主張門戶開放主義，中國關稅自主，取消外人在華之領事裁判權。美國對於中國，一向主張政治經濟工業之改造，俾與歐美列強立於并駕齊驅的地位。要解決遠東問題，惟一的途徑即在於此，因為如果中國柔弱無能，即將引起列強侵略之野心，反之，如果中國強盛，即可平穩世界之局勢。』

密勒氏評論報之銷數，每星期平均約四五千份。其銷場雖然大半在中國，但國外也有不少的讀者，特別是英美兩國。

一九二七年各國擬以武力干涉中國時，惟一外國在華的報紙反對此種政策的，祇有密勒氏評論報。該報這種主張，對於國外有同此主張的，有不少的協助。該報也主張上海公共租界之管理，須中國人參加。該報以為公共租界終久將收為中國人管理的，所以現在應當使華人對於這個大城市管理的種種困難，事先明瞭。

現今密勒氏評論報的發行人和主筆鮑威爾氏，同時也是支加哥公論報（Chicago Tribune）的駐滬記者。一九二四年臨城刧案時，他也是外人被擄之一。他在匪首孫美瑤處被擄的生活，曾寫了一部盜匪生涯(Camping with Bandits)，刊載於支加哥公論報密勒氏評論報每期也刊載中國名人錄，是中國政治經濟商業以及專家等聞人的略傳，并附有照片。

美人在華還有一個刊物名，(China Journal)英文的科學地理界都是曉得的。該誌初辦時是兩月刊，至一九二六年以後改爲月刊。該誌對於圖表的範圍和數量上日有增加。現任主筆蘇維比氏(Arthur de Carl Sowerby 譯音)在該誌尙未創辦時，在科學探險界即已聞名。該誌能夠在中國這種商業困難的情形中打破種種難關，實不可不歸功於蘇夫人之辦理得法。一九二二年秋季蘇夫人任該誌之經理，迄今仍擔任此項職務。他同時也是中國(China Society of Science and Arts)的名譽會計。

雖然在名義上是中國科學美術學會所出的刊物，但是在經濟上并不是互相依賴的。會社之成立，稍後於雜誌，而經濟也是分開的。該雜誌對於中國及其他遠東國家，不僅在藝術及科學界居於威權的地位，即在遊歷，探險，遊戲，教育等也是如此。

遠東時報(Far Eastern Review)是中國最著名的月刊之一。

遠東時報原爲一九〇四年李布蘭氏(Bronson Rea 譯音)在馬尼剌所創辦，一九一二年移於上海，以至於今日。該報內容專注重遠東之工程金融商業船舶等，并提倡遠東各國之工商業發展及彼此邦交之敦睦。該報所載的雖然是關於遠東方面工程之類的材料，但銷行於世界各國，在紐約，倫敦，巴黎，柏林，東京等處設有分社。其銷數每月約六千份，分佈於世界各處。

李布蘭氏於一八七〇年生於紐約之布魯克林(Brooklyn)。他起初學習機械工程，在古巴糖業工廠以行其專業。他在新聞界之著名，是一八九五年至一八九七年古巴革命時他任紐約捷報駐古巴之記者。當西班牙與美國戰爭時期，又担任紐約世界(New York World)之通訊記者。他以糖業專家之資格，曾經在華成頓爲非列濱政府之代表。遠東時報移至上海之後，他曾任交通部之工程祕書，幷在中國任高級官員，如孫總理及孫科氏之鐵路顧問等。美國加入歐戰時，李氏也加入戰爭，一九一七年任測驗隊隊長在法國服務。嗣後在馬得里（Madrid）任副軍事參贊；歐戰之後巴黎和會時任葉恭綽部長指導下中國工業委員會之工程祕書。

遠東時報很明顯是偏袒日本的。我們看該報的最近一期，該報所登的一百個公司的廣告，有四十個是日本的，祗有九個是中國的。該報的編輯政策，是反對早日取消在華之領事裁判權，幷主張美日兩國在遠東方面之合作。

有兩個美國教士在華為土匪綁去，一九三一年三月份遠東時報對於此事發表一文，其目的在乎激起外人反對領事裁判權之早日廢除。該文節錄如左：

我們不必再幻想了。我們交涉了六個月之久，再加以最後的反抗，仍毫無結果，終究這兩個美國的國民還是要犧牲了罷。現在是無法救他們了。可憐迷失了的美國人！可憐他們的母親和小孩所求等待了六個月，希望父親歸來，希望世界最強的國家——他們的祖國——能夠給他們充分的保護。像昔日美國總統那樣的威風，以義正詞嚴的態度，提出「不救回美僑誓不休」的哀底美敦書，現在是不會再有了！

該報同月份對於日本借與北京安福系政府之西原借款，也有所批評。此項借款之確實數目，不知究竟為若干。

我們不知所謂西原借款究竟何如。中國任何人顯然都不知是如何用去的，因為現在一切記錄都沒有了。祗有日方的債主才將簽訂的合同和往來的賬目好好保存。他們把款子付與大家公認的中華民國政府以後，他們的責任便已盡了。這種未有抵押的借款，是有一定的原則，現在的中國政府不能置之不理，而同時能保持自己的尊嚴的。據聞南京政府將堅持取消這種規約；同時幷聞幣原外相在國會答覆議員的質問時，堅決的肯定這種戰債是不能取消的。

現在已經到了這時代，不能追問這種日本戰債契約的背景究竟如何，也不能質問日本銀行界借款的動機爲何。中國現在要恢復信用，祇有開誠佈公的承認這種戰債是合法的，至於利息多少，則日本可以斟酌取消之。

中國集評（China Digest 譯意）是美國人在上海辦的一個週刊，一九二五年原發刊於北平，一九二六年移於天津，同年又移於上海以至於今日。

其編輯政策，該週刊創辦人及主筆龍開樂（Carroll Lunt 譯音）說得很清楚：

我當時之所以創辦這個週刊，是因爲中國缺乏像美國集評週刊（Literary Digest）那樣的刊物：便是凡對於任何事物，把正反兩面編的觀點都表白出來，由讀者自己去歸納一個結論。本刊的編輯政策雖然是有一貫的目的，但對於任何發生的時候，總是把對方的意見也表白出來。本刊是獨立的，我們的標語是『尊重對方的見解』。

本刊的編輯政策，除登載關於文藝的材料之外，並主張中國應當有耐心對於領事裁判權之廢除，應當慢慢進行。本刊極其注意外人在華生命財產之安全，並以此爲努力之目標。

該刊載有各種廣告，銷數每期約三千份。龍氏還出版了一本在華外人題名錄。

美國在華供給消息的通訊社，祇有聯合通訊社（The United Press）。該通訊社在華已有十年之久，專門將美國的消息供給中國報紙及在華的外國報紙。該社有分社及通訊員於北平，上海，漢口，天津，南京，香港等處。採用該社消息的有北平各中國報紙，天津之華北明星報及大公，上海之字林西報，大美晚報及中國國民通訊社。

聯合通訊社認爲是世界最大的獨立的通訊社之一。採用該社消息的，美國本國有一千二百種報紙，世界各國的有幾百種，凡各國比較大的報紙多數都包括在內。該社供給本國各報紙的消息，是用自己所租借的電綫，其長度有二十萬英里。總社社址在紐約，其餘分社分佈於國內各處的共五十處。南美各報差不多都採用該社的消息，南美各國京都都設有分社。

英國方面的總社設在倫敦，由英國聯合通訊社將消息以電報傳送英國各報館。歐洲大陸方面的總社設在柏林，幷在各國都設有分社，供給大陸各報的有世界各報普通新聞。

南美洲的總社是在阿根廷的倍諾斯愛勒 (Buenos Aires)。

聯合通訊社在中國的總社設在上海，經理爲伊金斯 (H. R. Elkins 譯音) 該社傳達至中國的美國新聞，每年約三十至四十萬字，而由中國傳達至世界各國的中國新聞，每年也是同量之多。上海的聯合通訊社供給國民通訊社 (中國政府半官式的通訊機關) 的美國消息，國民通訊社再將此種消息譯成中文，供給本埠各報紙，爲該社正式電訊稿之一部分。

聯合通訊社在遠東方面的總經理是華安氏 (Milos W. Vaughn 譯音) 總社在東京，以指揮中國日本及非列濱等處之各分社。華氏從前在南美任職。在中國代表聯合通訊社最早的，是馬希爾氏 (Ray Marshall 譯音) 曾經在北平管理聯合之分社有數年之久。馬氏現今在舊金山任該社之電訊編輯。傳聞一九二三年任北京政府中俄交涉指導之王正廷氏 (現任國民政府外交部長) 宴會馬氏時，敬馬氏以某菜，馬氏暢吃不已。後來馬氏聽說王正廷所敬的是廣東蛇肉，於是又懊喪不已。

聯合通訊社還有一個世界聞名的記者，便是葛爾德氏 (Randall Gould 譯音) 他是因爲與美國派華公使麥美雷氏 (J. V. A. Mac Murray 譯音) 爭執而著名。葛氏離開非列得爾菲亞公報 (Philadelphia Public Leoger) 後，到北平繼任馬氏之位置。葛氏的言論是主張解放，與當時廣東的領袖如陳友仁孔祥熙氏等都很親善。他對於中國政治的見解，與美國公使麥氏每每相左，以致麥氏每週召集北平美國各記者的談話，不許聯合社的記者參加。後來該社不得不把葛氏調往馬尼刺，但至一九二九年美國調回上海任該社中國全國之經理。現在葛氏又調回本國總社，伊金斯氏繼他在上海的職務。

美國合衆通訊社在中國的活動，不如其他外國的通訊社，其原因很簡單，便是因爲與國內的外國或中國報界沒有接洽。該社在中國幷不傳達消息。該社與路透社訂立合同，凡路透社在中國所搜集之消息，可交與合衆通訊社駐滬記者自由選用。因此合衆社在中國的活動，僅限於搜集可以引起美國讀者興趣的中國消息。

合衆通訊社在中國有兩個專任的記者，一在上海，一在北平。哈利斯氏 (M. J. Harris 譯音) 曾任該社駐滬記者數年，是合衆社中國分社的主任。

合衆通訊社在華最著名的一個記者，是不久以前去世的惠芬氏 (Walter Whiffen譯音)。他在北平住了若干年，經歷了許多政治的變遷，結識[illegible]畢事外交領袖，最後合衆社把他調往莫斯哥。後來他在莫斯哥去世，遵照他遺囑的辦法，把他的屍體焚化，所餘的灰則用飛機散佈於空中。當惠氏某次回國休假時，司蒂蒲氏 (Thomas Steep 譯音) 代理他的位置。司氏曾在紐約公論捷報 (New York Herald Tribune) 及其他大日報任職。他在美國各雜誌上發表許多關於中國的文章，幷對於中國種種奇特的風俗著了一部書。

數年之前，東京日本廣告… (Japan Advertiser) 之巴比氏 (Glenn Babb) 轉至合衆通訊社之北平分社，但一九二八年時又仍回東京，而豪雅各… (James Howe 譯) 繼任其北平之職務。

美國的報界經濟非常豐裕，所以世界各國都有特派記者和分社。在中國方面，各外國報紙中除日本報紙以外，要算美國報紙派華的記者占優勝的地位，至少在數量上要算最多。從前南北內戰時常發生時，多數美國報紙在上海和北平都有記者。駐北平的記者，奔走於公使區，南方的記者，則注重美國商業和教會進展的狀況。一九二八年北平政府崩潰後，情形乃大不同了。許多美國報紙都取消在北平的記者，而僅有上海的記者搜集關於中國的新聞。美國報紙在中國有正式通訊員的，有紐約泰晤士報 (New York Times)，基督教導報 (Christian Science Monitor)，支加哥公論報 (Chicago Tribune) 紐約公論捷報 (New York Herald Tribune)。

紐約泰晤士報常常有兩個記者，亞邦德氏 (Hallet Abena 譯音) 在華北，梅賽維氏 (Henry Misselwitz 譯音) 在上海。一九二九年四月二十五日亞氏發了這樣的一個電訊給紐約泰晤士報：

> 方振武向馮玉祥之提議，張學良之以爲國民黨之主義雖爲中國惟一之希望，但現今南京政府之領袖，腐敗不堪，惟一救濟之辦法在乎大舉肅清此種腐敗情形，互相吻合。

當時張學良卽電達外交部王正廷否認亞邦德氏此項消息，幷聲明彼幷不認識亞邦德氏，未與亞氏作任何談話。當時南京政府要求放逐亞氏出境，但未得美國公使之同意。美國政府當局則以爲『現今中國之治外法權尙存在，美國公使無放逐美人出境之權。』最後結果亞氏調往上海租界任紐約泰晤士報駐華主任記者，幷用外國電報傳訊至美國。至於前任上海記者梅賽維氏，因表同情於南京政府，乃辭職回國加入聯合通訊社。

四月二十七日中國外交部長王正廷氏接得美國公使約森氏 (Nelson T. Johnson 譯音) 轉來亞邦德氏一函，函中表示亞氏上次傳送不正確消息至紐約泰晤士報，致引起一九二九年夏季逐放之舉，深爲抱歉。南京政府對於亞氏此種道歉之意，完全接受，此案乃告終結。亞氏以後在華享用種種傳達消息之便利，也完全恢復。

一九三一年二月支加哥每日新聞 (Chiago Daily News) 取消在北平之分社，而該數年來久駐華北的記者白茲氏 (Jimmy L. Butts 譯音) 也調回美國。白茲在遠東方面爲聞名之記者，幷曾經任職於上海大陸報。

哥德約翰 (John Goethe 譯音）是美國赫斯特公司 (Hearst & Co.) 所辦國際通訊社 (International News 譯意）駐北平的記者，該社大半是供給美國晚報消息的。哥氏同時也是英國倫敦每日郵報的駐華記者。

美國其他的報紙和通訊社對於中國特別的新聞也有特派記者。一九二九年赫斯特公司特派海得曼女士 (Lady Drummond Hay) 及維甘得氏 (Karl H. Von Wiogand) 到南京專報告孫總理的奉安典禮。

中國還有一個著名的美國記者，是德利氏 (Charles Dailey 譯音）一九二一年支加哥公論報派他往天津採訪直隸省之災荒情形。該報在中國的正式代表是史密斯氏 (Fred Smith 譯音）他曾經隨同美國海軍陸戰隊及中國軍隊往雲南救援土匪綁去之美國宣教士薛爾登博士 (Dr. Sholton 譯音）此次遠征算是達到了目的，但薛博士仍舊幾乎喪了命，因為他被綁後傳染了傷寒症，在上海醫院裏重病了數星期才復原。史氏調回本國後，德利氏代替他的職務，辦公處在 Grand Hotal des Wagons Lits。

一九三〇年十二月六日眞如之國際無線電台成立後，中美消息之傳遞，又開了一個新紀元了。該無線台成立後，上海發往美國的電訊，可以直接達到，不必間接週轉了。到歐洲的直接電訊，也希望能夠在最近的將來成功。

眞如國際無線電台成立之日，互相傳電訊的，有美國總統胡佛氏與國民政府主席蔣介石氏，美國國務總理史汀生氏與中國外交部長王正廷氏，美國 R. C. A. 會長哈爾巴氏 (James G. Harbord) 與中國交通部長王伯羣氏。成立日由上海所發出的電報有一千二百字，所收的有二千字，其內容有商業電訊新聞電訊家常賀電等。

現在中美直接無線電報之成功，是一種傳達消息的優良工具，使中美之商業社會文化等關係，更加密切。

五、法國在華的新聞事業

法國在中國的商業是往前進的，但是幷沒有非常長足的進展。法國僑居中國的人口總數不過三千，重要的商業公司不到三百，所以國內祇有兩種法文報紙，三種法文雜誌，這是勢所當然的。這種出版物銷數很少，也沒有廣告的收入，所以都必須有法國政府機關長期的津貼，而後可以維持。

國內最重要的法文報紙，要算是上海的上海新聞（Le Journal de Shanghai）。該報是上海法國商會所組織的一個公司於一九二七年十月所創辦的。該報資本是規銀六萬兩，每日銷數不到一千份。該報由各機關每年所得的津貼，不知確數幾何，但據該報前任經理所云，大約如下：上海法租界工部局一萬五千兩，上海法國總領事一萬兩，北平法國公使館一萬兩。

該報前任主筆爲黃德樂氏（Jean Fontenoy 譯音），黃氏爲法國哈瓦斯通訊社於一九二七年由莫斯哥調至中國。馬利（G. S. Moresthe）和樂倫（Laurens）是由巴黎 Petit Parisien 報請來協助黃德樂氏之編輯工作的。後黃氏與上海法國商會發生爭執，因爲有許多保守的反華法國商人不喜歡編輯袒華的言論。結果黃氏辭職，馬利氏繼任爲編輯，樂倫氏爲副編輯。

國內另有一個惟一的法文報紙，便是北平的北京新聞 Le Journal de Pékin）。該報在北平方面名聲之壞，可說是其他外國報紙所不及的。中外的人士，對於該報都不喜歡。國民黨中央黨部以及外交部，對於該報反對南京政府領袖的許多文章，曾經屢次向法國當局提出強硬的抗議。僑居北平的外人，對於該報也無好感，因爲該報常常詆誹北平的外人。據聞法國公使館當局數次威脅擬封閉該報館，但是一個新聞記者必須生活，而且除鎗殺之外，不能停止記者言論之自由，故法國公使館不得已每年津貼該報主筆拉巴氏（Monsieur Nechbaur 譯音）一萬元，而不問其輯編政策。該報每日銷數約四百分，間或幷出版天津附刊一份，曰天津新聞。

國內主要的法文雜誌，是北京政聞報（La Poltique de Pékin），主筆爲曼雷德氏（Alphonse Monestier 譯音），每週出版一次，該刊內容，按其所宣言的，是以法國文字評論中國時事，并注重『中國之政治外交歷史經濟文學等方面』。其主筆曼雷德氏結交許多革命的領袖，如革命先進李石曾氏，司法院院長王寵惠氏，及其他等。該刊的言論，大致是與國民黨融洽的。每期除將一週中國內大事記述外，對於中國之藝術社會等問題，有專文討論，并由中國出版界專載各種照片漫畫，每期銷數約一千份，中法庚子賠款委員會及北平法國公使館有長期津貼。

此外，國內還有兩種法文雜誌，一是中國評論（La Revue Nationale Chinoise 譯意），一是商會月刊（Bulletin de la Chambre de Commerce 譯意）。這兩個月刊，都是在上海出版。中國評論是華人韋亞西（譯音）和法人雷墨爾（Monsieur Lemiere）担任主筆。該刊銷數每月約八百份。韋氏曾任廣州交涉員之職。該刊的經費，是由外交部和上海著名法國律師杜巴氏（Monsieur Du Pac 譯音）津貼。

商會月刊是上海法國商會的機關刊物。該刊主筆爲商會總幹事佛雷德氏（Monsieur Fredet 譯音）。每月銷不過二百五十份，讀者大半爲上海之法商。該刊每每不按期出版。

上面已經提及黃德樂氏是法國哈瓦斯通訊社駐華的代表。哈瓦斯通訊社創立於一八三五年，現今資本達五千萬佛郎。該通訊社并聯絡法國內其他通訊社，自一八七〇年以來，凡世界各國關於法國最近之消息，皆由其供給。一八七〇年拿破倫第三向德國宣戰時，法國軍隊如山水崩潰。德國之軍隊愈迫近巴黎，法國內部之消息便愈難探得。當時哈瓦斯社對於被圍城內之消息，每日石印報紙一張，每夜用輕氣球盡量散佈於外。

哈瓦斯通訊社在中國派有兩位記者。黃德樂氏是該社遠東方面的經理，拉巴氏是駐北平的記者。他們主要的工作，是採訪關於中國的消息，遞往法國。黃氏從前是哈瓦斯社駐莫斯科的記者，一九二七年調至上海。一九二九年任國民政府交通部顧問。現今由上海發往巴黎的新聞電報，每字約銀洋一元。

哈瓦斯通訊社幷不供給中國各報的消息。他們記者每日發往法國的新聞電報不過七百字，而大半是用通訊詳述中國政治經濟情形寄往巴黎，而電報祇能報告簡略的消息。哈瓦斯社在中國所傳播之消息，是由太平洋安南無線電報社（Agence Radio Indo-Chine Pacific）經手；太平洋安南無線電報社於一九二九年爲哈瓦斯社所收買。該社是法國安南政府的機關通訊社。

太平洋安南無線電報社在中國有特派的記者，上海有黃德樂氏，北平有拉巴氏，哈爾濱有布龍氏（Monsieur Brun 譯音），香港有羅拉哈氏（Monsieur Norynha 譯音）。這些記者將消息發往西貢之總社，再用無線電轉發往巴黎。該社將法國及他處的消息供給中國各報，在上海北平哈爾濱三處發稿。在中國所傳遞的消息，每日大約一千二百字。

法國有三種報紙，在中國有特派記者。上海新聞的主筆馬利氏是法國 Petit Parisiou 報和 Journal de Debats 報的駐滬記者。北京新聞的主筆拉巴氏是法國 Excelsior 報的駐平記者。

六、德國在華的新聞事業

德國在華的新聞組織，沒有占重要的地位。在華的德國報紙，總共僅有三種。這些報紙不僅篇幅很小，而且出版停刊也沒有一定。他們沒有登載過什麼消息或文章，足以引起一般人之注意的。

德國在中國方面的通訊社祇有一個，該社派到遠東的記者也祇有一個。德國各報紙對於遠東方面的消息既然可由倫敦方面容易得來，所以德國駐遠東的記者對於遠東的情形幷沒有祥細的報告。

德國在上海的刊物名 Die Bruecke 一九二五年爲斯德司氏（G. Strauss 譯音）。斯氏是巴爾特人（Balto），從前本屬於俄國。這是一個週刊，銷數還不到兩百份。該刊內容大半是由中文報紙譯出的消息和文章，幷有時轉載歐洲方面報章雜誌的文章。該刊沒有確定的編輯政策，其惟一的目的似乎祗在於多得一點廣告以維持其本身。上海的德僑雖然有一千六百至一千八百人，但該刊的銷數却很少。

天津的德僑共約九百人。據聞該埠的德文報紙 Deutsch-Chinesische Nachrichten 每日銷數有五百份，但實際上恐怕還不到此數。該報於一九三〇年爲克雷氏（W. Krey 譯音）所創辦，克氏從前本來是一個工程師。該報幷無政治上的關係，所登載的消息路透社，Transocean 社，亞洲通訊社。該報從前本在哈爾濱出版，後來因爲成績不好，乃決定移往天津。聽說近年因爲華北的商業衰落，又擬遷往南方——這次是上海。

北平惟一的德國報紙是 Deutscher-Ostrsien-Bote，創辦於五六年之前，每日銷數約二百份。創辦人開特勒氏（P. Kettner 譯音）從前本是一個牧師，現在仍歸他主辦。他是一個有錢的人，他辦報幷沒有特殊目的，不過是娛樂而已。他的編輯政策，大家都認爲是反動的。

德國在華活動的惟一通訊社，祇有 Transocean 通訊社。該社供給北平天津漢口哈爾濱瀋陽等處的各報紙。

Transocean 通訊社於一九二一年在北平開始辦公。一九二八年將社址移於上海，但次年才開始發稿。中國航空郵政成立之後，該社由航空發稿至北平天津漢口各報，至於其他各處，則由普通郵程。哈爾濱各報所用該社電訊，是直接由柏林發來。瀋陽也是直接由德國發來，但最近瀋陽各報不喜採用該社消息，故已停止。現在該社發往瀋陽的電訊稿是由普通郵程。

布拉特氏 (J. Plaut 譯音) 是該社遠東的經理。一九〇九年時，布氏任職於日本出版的 Deutsche-Japan Post 和一個德人主辦的英文日報 Japan Herald。歐戰之後，布氏任職於 Vossische Zeitung 和 Frankfurter Zeitung。後來，Transocean 通訊社派往日本和中國組織分社。

Transocean 通訊社於一九一二年創辦於德國，原名 Ostasiatischer Lloyd Service。歐戰後該社完全改組，供南北美洲及歐洲各國之消息，但英國波蘭及俄國不在內。該社在歐洲所發之消息，是由協助該社之 Europa Press 經理。電訊稿有英文，法文，西班牙文，德文四種。該社的總社是在柏林，Europa Press 的總社是在法蘭克福 (Frankfort)。

布氏也是華夫通訊社 (Wolff Agency) 駐遠東的記者。該社於一八四九年爲華夫氏所創辦，外人大都認該社爲德國政府的機關通訊社。其所以如此者，因爲該社與德國政府訂有合同，凡德國中央及地方政府之一切布告及消息，均由華夫社傳達於全國。而在華夫社方面，則由政府護得一筆津貼。該社因與英國路透社訂有合同，該社不能在別國佈發消息。

總括起來，德國三個重要通訊社所做的工作，可分述如左：

(一)華夫社在國內佈發消息；

(二)Europa Press 在歐洲其他各國佈發消息；

(三)Transocean 通訊社在海外佈發消息。

Transocean 通訊社之創立，是因爲歐戰後德國的海底電線都喪失了。德國發往外國的消息和政策，都握於外國通訊社之手。德國有許多見解，都必須由敵視國的通訊社傳達，因此德國非常痛恨。近年 Transocean 通訊社特別的努力，想把牠的勢力伸張於外國，特別是南美洲。

關于歐洲各新聞中心地點之傳達消息，Europa Press 皆用長途電話。這種傳達消息的辦法，較比有線及無線電報都要簡捷便利，因爲歐洲各國京都相距很近，所設置的電話很有效率。Transocean 通訊社在華分社由歐洲發來的消息是用無線電報，由中國發往歐洲的消息是用有線電報。布拉特氏將採訪之消息，大半發往華夫總社。關于遠東的消息，路透社已有詳細的記載，而路透社與華夫社已訂有合同，故華夫社駐華記者祇有很簡略的消息發往總社，大半是記者個人的對于有關于德國的消息的見解，這樣可以節省很多電報費。華夫社駐倫敦的記者，可以將路透社發來關于中國的消息，選出直接電達于柏林，以省去無謂的電報費。Transocean 通訊社發至中國的英文電訊稿，每月約三萬五千字至四萬字，德文每月約三千至四千字。

Transocean 通訊社有一項最大的收入，便是由于供給各渡過大西洋郵船的無線電訊。常常有許多渡大西洋的政治家和金融家亟想得到世界各處的消息，所以該通訊社與各重要的德國及荷蘭的郵船公司訂有合同，專門供給各郵船的無線電訊。

Transocean 與中國的國民通訊社也訂有合同。國民社是一個半政府的機關通訊社。按照雙方所訂的合同，Transocean 的消息譯爲中文由國民社在國內代爲發出，作爲國民社本社電訊之一部分。在國民社方面則以英文的中國消息供給 Transocean 社上海分社。

德國本國的報紙在華特派有記者的很少。其中僅有的是，Frankfurter Zeitung 有 Miss Agnes Smedley（美國人），Berliner Tageblatt 有 Mrs. Von Ungern Sternberg，Hamburger Fremenblatt 有 Mr. Vogel Sternberg。

七、俄國在華的新聞事業

俄人之到中國，可追源至一五六七年但是這次以及後來一六一九年之中俄相通，對於商業上並沒有什麼發展。直到十七世紀後葉俄人到黑龍江時，而後兩國的商業始溝通。一九〇九年中東路完成之後，於是哈爾濱大商埠乃成立矣。一九一七年俄國革命後，中俄通商又告停頓至一九二四年中俄又訂臨時商約。

一九二六年國民革命軍由廣東出師北伐時，蘇維埃的代表鮑羅廷氏把持了廣東政府。當時總司令蔣介石氏不服鮑氏的此種把持，於是在南京另組織政府，而積極舉行清黨運動。

因為政治的變動，在華的俄人大都集中於兩處——哈爾濱與上海。

上海法租界的俄人如此之繁殖，以致我們差不多可以誤認為俄租界。大約十一二年之前白俄由西伯利亞南徙，乃移殖於上海，因為以政治和商業而論，上海是他們適宜的環境。白俄在上海人口的統計，不容易調查，因為他們到上海之後，每每與別種混雜了。上海有一個俄國銀行（但是掛美國旗子）的經理宣言一九二九年在上海的俄僑共有兩萬餘人。確實的數目，恐怕是將近二萬五千，而現在還是繼續不斷的移入。由大連到上海的船舶，差不多擠滿了俄人，想到上海來成立一個新家庭。十五年之前，上海的俄人還不過十二家，俄國的領事也算在內。但是現在上海西式的零售舖店，除華人所設的外，差不多都是俄人所壟斷了。衣店，女帽店，美容院，點心店，旅館，雜貨店，修甲女郎，西藥店，按摩院，當舖，樂器店，當店等都是俄人開設的。甚至現今上海外人的俱樂部業單上也有俄國的 Sakuska 和 borsch。

這許多白俄之所以繼續不斷的由西伯利亞和東三省南下至上海的，惟一的原因便是恐怖——恐怖布爾扎維克。

哈爾濱的白俄，較比上海或遠東其他任何城市的白俄還要多些，恐怕一般人還不知道，但是現今住在哈爾濱的俄人，有許多都是紅俄。哈爾濱的俄人，共計差不多有十萬。在沿中東路的各埠，差不多還有十萬。十一二年之前，哈爾濱的俄人，大概還不過五萬。一九二九年俄國侵入中國領土時，北滿三道溝鎮有幾處俄僑全體都屠殺了。所以從前以為哈爾濱是白俄避難之所，如此看來便不安全了。

這裏所懸的旗幟，已經不是從前俄帝國的國旗，而是中國的國旗。有時有些俄人小店裏也懸着蘇維埃的旗子，這大概是因為他們雖然恨惡紅俄，但同時也覺得蘇維埃的旗子在這一帶還是代表一種勢力。

上海沒有一個蘇維埃的報紙，這是當然的。上海主要的俄國報紙是 Shanghai Zaria。該報創立於一九二五年，現在銷數有一千五百至二千份之多。主筆為亞樂多夫氏 (L. B. Arnoldoff 譯音)。該報是擁護白俄，同時大概也是贊成國民政府。該報在其他城市沒有特派記者，而是採用路透，國民，日本電報，及 Transocean 等通訊社的電訊。該報同時也出版一晚報，、Evening *Zaria* 發刊於一九三一年二月，銷數每日約二千份。上海另有一個白俄的報紙是 Shanghai Slovo，每日銷數約一千至二千份之多。上海的第四種俄國報紙是 Vremia，這是一個聳人聽聞的報紙，每日銷數有四百至五百份。該報對於中國的消息登載的很少，除有大部分的廣告之外，其餘都是關於俄國法庭的案件，盜匪，屠殺，謠言等。該報共有八頁，其中有五六頁都是廣告。

左面的一段文章，載於一九三一年二月二十四日的 Vremia，可以代表上海俄國報紙內容之一班：

現在俄國有許多人雖然在法律上不能離開本國，但總是設法從蘇俄逃跑到中國的邊境，經過非常的困難，不過沒有普通生活的安適，即生活不可少的需要也沒有，而每每總是死亡。這些人經過了若干的痛苦艱難而達到中國邊境的時候(有許多在未達到中國之先早就為紅俄所捕而鎗殺了) 大半還是由中國政府當局送還蘇俄(大都是在三道溝鎮一帶)，結果總是鎗殺。

Vremia 報上發表了十六個像這樣不幸的俄人的名單，他們到中國邊境後，中國仍扣留送回蘇俄。該報訴之於中國各外國報紙及其讀者，請在其能力範圍內，『竭力設法制止這種對於逃俄非人道的殘殺。』

在上海出版 Shanghai Zaria 的公司，同時在天津也出版有 Tiontsin Zaria，哈爾濱出版有 Harbin Zaria。蘇維埃政府在哈爾賓出版的機關報有 Harbin Herald。這是一個英俄文的日報，採用亞洲通訊社和哈爾濱無線電報通訊社(Harbin Radio 譯意）亞洲通訊社是中國人辦的一個英文通訊社，總社在北平。哈爾濱無線電報通訊社是哈爾濱無線電台截留他處的消息大半是 Transocean 的電社，而以哈爾濱無線電報通訊社的名義在哈爾濱分發電訊稿。

今年上半年 Harbin Herald 與日本當局發生糾紛，因為哈爾濱日本總領事送來一函，對於該報所載關於撫順鑛山事件之言過其實，加以更正，而該報不肯發表。該報的編輯政策，也有許多人批評；特別是白俄對於該報所刊的許多漫畫，極不滿意。最後，哈爾濱當局於三月二十日將該報封閉。現在蘇俄政府與哈爾濱當局交涉，要求允許該報早日繼續出版。

哈爾濱警察署有一件最矛盾的事，便是對於俄國報紙的檢查。哈爾濱檢察署的負責人是一些退職的俄國軍官，他們以為凡是哈爾濱報紙關於蘇俄的消息，都不許用俄文發表，因為這是蘇俄的宣傳。

有一次中東路的總經理向警察署提出正式抗議，要求對於某俄國檢察官予以充分之處罰。該抗議書并同時送一份至各報館，但檢察官不准各報發表。Harbin Herald 是蘇俄的機關報，反而偷巧將此信發表了。該報將抗議書全文用英文刊於首頁，但該報俄文方面却一字不提。可巧的是凡是蘇俄的國民受過教育的，都認識英文，如果報上俄文沒有的消息，便可讀英文。同樣該報把蘇俄向瀋陽當局抗議中東路用白俄之照會，也用英文發表，因為俄文是不准發表的。

哈爾濱還有一個蘇俄的機關報名眞理（Truth）。一九二九年中國與蘇俄絕交後，於是哈爾濱一切蘇俄的報紙，都封禁了。但不久以後，街上出現了一種蘇俄宣傳的報紙，名眞理。警察局設法偵查該報出版的地點，但無結果，絕對探不出根源。檢査哈爾濱及附近所有個印刷所，也査不出結果。警察局最高明的人才都努力想揭破這種祕密但結果總是失望後來警察局忽然記起有一個紅俄是被封的蘇俄報紙的主筆，而他的行動是很祕密的。該報被封後這個主筆白天終日總是在家裏，而每天夜晚便出去。至於到那裏去了，都無人知道。當時旣沒有其他的線索可尋，便派人每晚隨在他後面。這樣跟隨了一星期，還是沒有結果。但是某天有一個一隻手的紅俄到這個主筆家裏來；這個一隻手的紅俄本是哈爾濱蘇俄報紙一個有名的記者。大家覺得眞理的祕密，似乎可由這兩個人探索出來。因此，便多派了幾個人進隨這個一隻手的紅俄。後來又請了一個白俄印刷工人幫忙。他去找那個一隻手的紅俄，拿出似是而非的證據，證明他是一個紅俄，請他找一個印刷工人的工作。這個一隻手的紅俄，是一個排字工人，同時也是記者。他有一個印刷工人當時正病了。如果他要人幫忙印刷眞理，必須在外另找工人。於是他允許給他一項工作。同時這個白俄允許代守祕密後，便夜間帶他到印刷所去工作。

他們走後門到一個地室裏。這個印刷所是因爲虧了賬警察局封閉的，但是印機和鉛字等還存留在內。他們是在夜間工作，燈光遮蓋甚密。一個人排字，一個人印刷。稿子是由有嫌疑的紅俄編輯送來的。當時印出發行的眞理是第四期。於是警察局與那個白俄約好去搜查該印刷所。他們約好如果有一張小張貼在玻璃窗上時，便進去搜查。某日早二時他們便照所約定的進去搜查，那個印刷工人和一隻手的紅俄都拘捕了，第五期眞理也被當局搜獲。那個白俄探子卽時釋放，印刷工人判定徒刑，但是那個編輯還沒有充分的証據以治罪。

俄國在華的報紙，大概是如上述。

俄國的報紙，在中國沒有特派的記者。關於中國的消息，他們是靠蘇俄政府的機關通訊社達斯社（Tass 譯音）。有時俄國的報紙有特派記者駐哈爾濱，採訪某項重要的新聞。達斯社在俄國供給一千四百種報紙的新聞；其中最重要的是 Moscow Isvestia，蘇俄的機關報紙，每日銷數有二百萬份。達斯社在中國所採訪的消息，也供給近東各國的報紙，特別是土耳其，波斯，阿佛斯汗。

達斯社駐華記者發往俄國的消息，除普通電報外，還有通信照片，及商業新聞等。一切消息，都直接發往莫斯哥，由莫斯哥再分發於他處。由上海發往莫斯哥的新聞電訊，大概須半小時至二小時之久。達斯社駐華記者的一切電訊，都是經過大北電報公司西伯利亞的陸地電線。

達斯社現在駐華記者祇有兩個，一個上海，一個北平。上海記者是樂維氏（V. Rover 譯音），北平的記者是斯乃柏氏（S. Slopack 譯音）。一九二六年時，達斯社在廣州漢口也派有記者，但自一九二七年以後便祇剩兩個了。該社第一個到中國的記者是一九二二年駐於北平。一九二七年之前，該社供給上海北平廣州漢口各中外報紙消息，的完全不取費。

一九二七年廣州共黨暴動後，蘇俄在中國的一切活動就都禁止了；但駐北平的記者還是祕密分發消息。他住在公使館區，他在北平新聞界變為一個神祕的人物。他的面貌，他的住址，他的行動，都無人知道。但是一切往來的信件，如果寫明公使館區郵局轉達斯社，他便可以收到。

達斯社在北平分發消息的方法，是很奇特的。如果他們公開的送往城內各報館，一定會遇着警察局或檢查員之干涉的。他們曉得北平各記者每日下午打發差役送信到平奉路的前門站，趁下午快班把通信發往天津各報紙。於是他們每天下午有一個人等在車站，將電訊稿交與各記者的差役，每日下午各記者便可接到。

達斯社兩個駐華記者每月發往莫斯科的電訊，約四千至五千字。北平的斯乃柏氏大概不過一千字，樂維氏約三千五百字。他們寄發電訊，沒有什麽困難。樂維氏在上海公安局有一個註册證，至於與租界當局也沒有什麽爲難之處。樂氏曾經担任過達斯社駐紐約的記者。斯乃柏氏曾經担任過達斯社駐日本東京的記者，一九二七年以後便在北平，等到樂氏在四月間囘莫斯科時，他便去代理，約有三個月之久。

現在俄國在華的報紙，可說已經是達於頂點了。上面已經說過，俄人由西伯利亞移入中國後，不久便與他種混合了。在上海和哈爾濱的俄國移民雖然日益繁殖，但是他們後一代大半把俄文丟棄了。他們大半在學校裏所學的是英文或歐洲他國的文字，這樣，十年或二十年之後，便無須俄文報紙，因爲新起一代的俄人都會讀英文或中文報紙。

或許有幾個老年俄國人喜歡看看本地的俄文報，使他們囘憶昔日在彼得堡所過的快樂的宮幃生活，但是像這樣老年人會日少一日了。

附錄

出版法 民國十九年十二月十五日公布

第一章 總則

第一條 本法稱出版品者，謂用機械或化學之方法所印製而供出售或散布之文書圖畫。

第二條 出版品分左列三種：

一 新聞紙 指用一定名稱，每日或隔六日以下之期間繼續發行者而言；

二 雜誌 指用一定名稱，每星期或隔三月以下之期間繼續發行者而言；

三　書籍及其他出版品　凡前二款以外之一切出版品屬之，新聞紙或雜誌之號外或增刊視爲新聞紙或雜誌。

第三條　本法稱發行人者，謂主管發售或散布出版品之人。

第四條　本法稱著作人者，謂著述或製作文書圖畫之人。筆記他人之演述登載於出版品或令人登載之者，其筆記人視爲著作人；但演述人對於其登載特予承諾者，應同負著作人之責任。關於著作物之編纂，其編纂人視爲著作人；但原著作人對於其編纂特予承諾者，應同負著作人之責任。關於著作物之譯譯，其譯譯人視爲著作人。關於用學校，公司，會所或其他團體名義著作之出版品，其學校，公司，會所或其他團體之代表人視爲著作人。

第五條　本法稱編輯人者，謂掌管編輯新聞紙或雜誌之人。

第六條　出版品由官署發行者，應以二份送中央黨部宣傳部及內政部。

第二章　新聞紙及雜誌

第七條　爲新聞紙或雜誌之發行者，應於首次發行期十五日前以書面陳明左列各款事項，呈由發行所所在地所屬省政府或隸屬於行政院之市政府轉內政部聲請登記：

一　新聞紙或雜誌之名稱；

二　有無關於黨義黨務或政治事項之登記；

三　刊期；

四　首次發行之年月日；

五　發行所及印刷所之名稱及所在地；

六　發行人及編輯人之姓名，年齡及住所；其各版之編輯人互異者，幷各該版編輯人之姓名，年齡及住所。

新聞紙或雜誌在本法施行已前開始發行者，應於本法施行後二個月內聲請爲前項之登記。新聞紙或雜誌有關於黨義或黨務事項之登載者，幷應經由省黨部或等於省黨部之黨部向中央黨部宣傳部聲請登記。

第八條　前條所定應聲請之事項有變更者，應於變更後七日內爲變更登記之聲請。

第九條　前二條登記不收費用。

第十條　左列各款之人，不得爲新聞紙或雜誌之發行人：

一　在國內無住所者；

二　禁治產者；

三　被處徒刑在一月以上之拘役在執行中者；

四　褫奪公權尚未復權者。

第十一條　新聞紙或雜誌廢止發行者，原發行人應按照登記時之程序聲請註銷登記。新聞紙逾所定刊期已滿二個月，雜誌逾所定刊期已滿四個月尚未發行者，視爲發行之廢止。

第十二條　新聞紙或雜誌應記載發行人及編輯人之姓名，發行年月日，發行所印刷所之名稱及所在地。

第十三條　新聞紙或雜誌之發行人應於發行時以二份寄送內政部，一份寄發行所所在地之檢查署。新聞紙或雜誌有關於黨義或黨務事項之登載者，幷應以一份寄送省黨部或等於省黨部之黨部，一份寄送中央黨部宣傳部。

第十四條　新聞紙或雜誌登載之事項，本人或直接關係人請求更正或登載辯駁書者，或日刊之新聞紙，應于接到請求後三日內依照更正或登載辯駁書之全部或其他新聞紙或雜誌應于接到請求後第二次發行前爲之；但其更正或辯駁之內容致違法令或未記明請求人之姓名住所或自原登載之起逾六個月而始行請求者，不在此限。更正或辯駁書之登載，其地位及字之大小應與原文所登載者相當。

第三章　書籍及其他出版品

第十五條　爲書籍及其他出版品之發行者，應于發行時以二份寄送內政部。改訂增刪原有之出版品而爲發行者，亦同。

前項出版品其內容涉及黨義或黨務者，并應以一份寄送中央黨部宣傳部。

第十六條　書籍或其他出版品應于其末幅記載發行人之姓名住所發行年月日，發行所及印刷之名稱及所在

第十七條　通知書章程營業報告書目錄傳單廣告戲單秩序單各種表格證書證券及照片不適用前二條之規定。

第十八條　有關政治之傳單或標語，非經管警察機關許可，不得印刷或發行。

第四章　出版品登載事項之限制

第十九條　出版品不得爲左列各款之記載：

一　意圖破壞中國國民黨或三民主義者；

二　意圖顛覆國民政府或損害中華民國利益者；

三　意圖破壞公共秩序者；

四　妨害善良風俗者。

第二十條　出版品不得登載禁止公開訴訟事項之辯論。

第二十一條　戰時或遇有變亂及其他特殊必要時，得依國民政府命令之所定，禁止或限制出版品關于軍事或外交事項之登載。

第五章　行政處分

第二十二條　不爲第七條或第八條之聲請登記或就應登記之事項爲不實之陳述而發行新聞紙或雜誌者，省政府或市政府得于其爲合法之聲請登記前，停止該新聞或雜誌之發行。

第二十三條　內政部認出版品載有第十九條各款所列事項之一或違背第二十一條所定禁止或制之事項者，得指明該事項禁止出版品之出售及散布，幷得於必要時扣押之。

依前項規定扣押之出版品，如經發行人之請求，得於除去該事項後返還之。

第一項所定，其情節輕微者，得由內政部予以糾正或警告。

第二十四條　國外發行之新聞紙或雜誌，受前條第一項處分者，內政部得禁止其進口。

由前項規定禁止進口之新聞紙或雜誌，省政府或市政府得于其進口時扣押之。

第二十五條　違背第四十一條第一項之禁止而發行新聞紙或雜誌者，省政府或市政府得扣押之。

第二十六條　扣押書籍或其他出版品時，如認爲必要者，得幷扣押其底版。

依前項規定扣押之底版，準用第二十三條第二項之規定。

第六章　罰則

第二十七條　不爲第七條或第八條之聲請登記而發行新聞紙或雜誌者，處二百元以下之罰金。

第二十八條　第十條各款所列之人發行或編譯新聞紙或雜誌者，處二百元以下之罰金。

第二十九條　發行人違反第十一條第一項之規定者，處百元以下之罰金。

第三十條　出版品無第十二條或第十六條所規定之記載或記載不實者，處發行人以二百元以下之罰金。

第三十一條　發行違反第十三條之規定不寄送新聞紙或雜誌者，處百元以下之罰金。

第三十二條　編輯人違反第十四條之規定者，處二百元以下之罰金。

第三十三條　發行人違反第十五條之規定不寄送書籍或其他出版品者，處百元以下之罰金。

第三十四條　印刷人或發行人違反第十八條之規定者，處百元以下之罰金。

第三十五條　違反第十九條之規定者，處發行人，編輯人，著作人及印刷工人一年以下有期徒刑，拘役或一千元以下之罰金，但其他法律規定有較重之處罰者，依其規定。

第三十六條　違反第二十一條所定之禁止或限制者，處發行人編輯人著作人及印刷人以一年以下有期徒刑，拘役或一千元以下之罰金。

第三七十條　出版品爲新聞紙或雜誌時，著作人受第三十五條之處罰者，以對於其事項之登載署名負責者爲限，受第三十六條之處罰之著作人，亦同。

第三十八條　違背第二十二條所定之停止發行命令發行新聞紙或雜誌者，處二百元以下之罰金。

第三十九條　發行人違背第二十三條所定之禁止者，處一年以下有期徒刑，拘役或千元以下之罰金。其知情而出售或散布該項出版品者，處六月以下有期徒刑，拘役或五百元以下之罰金。

違背第二十四條所定之第一項禁止及知情而輸入出售或散布該項出版品者，準用前項規定分別處罰。

第四十條　妨害第二十三條第一項，第二十四條第二項第二十五條或第二十六條所定扣押處分之執行者，處六月以下有期徒刑，物役或五百元以下之罰金。

第四十一條　因新聞紙或雜誌所載事項爲依第三十五條所定之處罰而其情節重大者，得禁止其新聞紙或雜誌之發行。發行人違背前項所定之禁止者，處一年以下有期徒刑，拘役或千元以下之罰金，其知情而出售或散布該項新聞紙或雜誌者，處六月以下有期徒刑，拘役或五百元以下之罰金。

第四十二條　本法所定各罪不適用刑法累犯及併合論罪之規定。

第四十三條　本法所定各罪之起訴權逾一年而不行使者，因時效而消滅。第三十五條，第三十六條之罪，其起訴權時效期限自發行日起算。

附則

第四十四條　本法自公布日施行。

图书在版编目（CIP）数据

外人在华的新闻事业 / 赵敏恒著. —北京：中国传媒大学出版社，2018.3
（中国近代新闻学名著系列丛书 / 芮必峰主编）
ISBN 978-7-5657-2292-9

Ⅰ. ①外…　Ⅱ. ①赵…　Ⅲ. ①新闻事业史—中国—民国　Ⅳ. ① G219.296

中国版本图书馆 CIP 数据核字（2018）第 054273 号

中国近代新闻学名著系列丛书
芮必峰　主编
外人在华的新闻事业
WAIREN ZAIHUA DE XINWEN SHIYE

著　　者　赵敏恒
策划编辑　司马兰　姜颖昳
责任编辑　姜颖昳
特约编辑　刘　英
封面设计　拓美设计
责任印制　阳金洲

出版发行　中国传媒大学出版社
社　　址　北京市朝阳区定福庄东街 1 号　　邮编：100024
电　　话　86-10-65450532 或 65450528　　传真：010-65779405
网　　址　http://www.cucp.com.cn
经　　销　全国新华书店

印　　刷　北京华联印刷有限公司
开　　本　787mm × 1092mm　1/16
印　　张　6.25
字　　数　100 千字
版　　次　2018 年 6 月第 1 版　2018 年 6 月第 1 次印刷

书　　号　ISBN 978-7-5657-2292-9/G · 2292　　**定　　价**　35.00 元
